Celebrações no itinerário catequético...

Dados Internacionais de Catalogação na Publicação (CIP)
(Câmara Brasileira do Livro, SP, Brasil)

Pupo, Débora Regina
  Celebrações no itinerário catequético : sobre o que estamos falando? / Debora Regina Pupo.
Petrópolis, RJ : Vozes, 2020.

  ISBN 978-85-326-6342-9

  1. Catequese – Igreja Católica 2. Catequistas – Educação 3. Celebrações litúrgicas 4. Educação religiosa da criança 5. Educação religiosa do adolescente 6. Eucaristia – Celebração I. Título.

19-30849   CDD-264.36

Índices para catálogo sistemático:

1. Catequese de preparação : Primeira Eucaristia :
    Cristianismo 264.36

Cibele Maria Dias — Bibliotecária — CRB-8/9427

Débora Regina Pupo

Celebrações no itinerário catequético...

Sobre o que estamos falando?

EDITORA VOZES

Petrópolis

© 2020, Editora Vozes Ltda.
Rua Frei Luís, 100
25689-900 Petrópolis, RJ
www.vozes.com.br
Brasil

Todos os direitos reservados. Nenhuma parte desta obra poderá ser reproduzida ou transmitida por qualquer forma e/ou quaisquer meios (eletrônico ou mecânico, incluindo fotocópia e gravação) ou arquivada em qualquer sistema ou banco de dados sem permissão escrita da editora.

CONSELHO EDITORIAL

Diretor
Gilberto Gonçalves Garcia

Editores
Aline dos Santos Carneiro
Edrian Josué Pasini
Marilac Loraine Oleniki
Welder Lancieri Marchini

Conselheiros
Francisco Morás
Ludovico Garmus
Teobaldo Heidemann
Volney J. Berkenbrock

Secretário executivo
João Batista Kreuch

Diagramação: Victor Mauricio Bello
Revisão gráfica: Alessandra Karl
Capa: Ygor Moretti

ISBN 978-85-326-6342-9

Editado conforme o novo acordo ortográfico.

Este livro foi composto e impresso pela Editora Vozes Ltda.

Sumário

APRESENTAÇÃO, 7

CAPÍTULO 1   O celebrar no itinerário catequético, 9

CAPÍTULO 2   Celebração e ritos no amadurecimento da fé, 18

CAPÍTULO 3   Iniciação litúrgica com crianças e adolescentes, 24

CAPÍTULO 4   Roteiros de estudo: formar e aprender, 32

REFERÊNCIAS, 55

Abreviaturas e Siglas

CIgC – Catecismo da Igreja Católica

CNBB – Conferência Nacional dos Bispos do Brasil

CT – *Catechesi Tradendae*

DGC – Diretório Geral da Catequese

DNC – Diretório Nacional da Catequese

RICA – Ritual de Iniciação Cristã de Adultos

Apresentação

A Igreja tem insistido sobre a necessidade de integrar catequese e liturgia para a transmissão da fé cristã às novas gerações. Essa premência induziu à produção de muitas reflexões sobre o caráter mistagógico da catequese, e a função querigmática e catecumenal da liturgia. Igualmente, constata-se a proliferação de subsídios pastorais que pretendem auxiliar os catequistas e os ministros ordenados a compreender e realizar essa relação em suas práticas evangelizadoras e pastorais.

Para que a relação entre a fé professada e a fé celebrada possa ser profícua, contudo, é preciso aprofundar o espírito da liturgia, como bem escreveu, em 1923, o teólogo Romano Guardini[1]. Sem buscar a essência da celebração, ainda se corre o risco de pensar que, ao realizar o rito, naturalmente, a pessoa acolhe o mistério no qual está sendo inserida. Ledo engano! É preciso mais do que o simples "fazer" na liturgia.

Permitir que a celebração do mistério cristão favoreça o encontro pessoal e comunitário com Jesus Cristo ainda é um desafio para quem preside e para quem anima e coordena a liturgia e a catequese na comunidade. Quantas vezes, no intuito de cuidar dos detalhes da celebração, catequistas e equipes de liturgia deixam de vivenciar a salvação de Deus oferecida nas celebrações dos sacramentos? Por exemplo, alguém pode estar tão empenhado em organizar a procissão de entrada, preocupado com os cânticos, leituras e ritos, a ponto de não se questionar: "Como o próprio caminhar pode se tornar um ato religioso que remete à ideia do Senhor que caminhava sobre a terra e durante o qual a procissão pode tornar-se uma epifania?"[2]

Lideranças e fiéis da comunidade precisam ser educados para compreenderem que o ser humano inteiro é sujeito da atividade litúrgica. O "fazer" não pode ter primazia sobre o "ser". Quando se esquece da essência, tanto se pode cair no ativismo quanto no vazio. Todo ser reza: corpo, alma e espírito.

Num tempo em que crescem devoções mas não se investe tanto no seguimento do Mestre, é preciso se perguntar sobre o "ser" que celebra, e não apenas o "fazer" nas celebrações. Muitas expressões litúrgicas reducionistas são resultados de visões parciais e empobrecidas da visão de ser humano. Em contraposição, emergem espiritualidades que integram tanto corpo e alma, que não reconhecem a dualidade.

Nascem religiosidades intimistas, totalmente "interiorizadas", restritamente espirituais que desprezam o corpóreo até por meio de sacrifícios. Outras desprezam o espírito e reduzem tudo ao sensível, ao emocional, à integração do corpo ao universo cósmico. A primeira concepção é hostil ao corpo e destrói qualquer possibilidade de integração, a segunda, com a unificação, anula a interior tensão que cria a vida.

---

1 GUARDINI, Romano. *Espírito da Liturgia*. São Paulo: Cultor de livros, 2018.
2 GUARDINI, Romano. *Formazione Liturgica*. Brescia: Morceliana, 2008, p. 30.

Essa integralidade e distinção entre corpo e alma aparece de forma especial no que Dom Bruno Forte expressa a respeito das celebrações dos sacramentos: *a carne é lavada, para que a alma seja purificada; a carne é ungida, para que a alma seja consagrada; a carne é assinalada, para que a alma seja fortificada; a carne é nutrida pelo corpo e sangue de Cristo, para que a alma seja saciada de Deus*[3].

Entre as liturgias espetaculares (onde a religião se torna espetáculo) e as rubricistas (onde o protocolo parece dominar o espírito), empobreceu-se a liturgia viva e, em seu lugar, entrou uma religiosidade sem rosto, mais cerimônia do que celebração. As cerimônias civis, acadêmicas e militares que têm seu sentido e significado, mas não visam remeter ao Sagrado. É importante recordar que aquilo que é espetacular encanta os olhos, mas não converte o coração.

A transmissão do verdadeiro sentido da liturgia é um dos maiores desafios que temos atualmente. Podemos até adaptar novas metodologias catequéticas mas, sem um aprofundamento e uma formação litúrgica, não se avançará.

É preciso superar a tentação de transformar a liturgia em teatro ou autorreferencialidade humana, para sermos capazes de expressar a essência da catequese e da liturgia: o encontro com o Senhor.

Os limites que encontramos na liturgia são expressão da condição humana, por se tratar de uma assembleia concreta, e não idealizada. Quem celebra é uma comunidade orante que mantém vínculos fortes entre seus membros, a partir da fé em Jesus Cristo. Cada comunidade há de celebrar a concreta relação com a Trindade, como nos recorda o monge: "a liturgia monástica, por suas características, também pode frequentemente parecer mais simpática do que a paroquial, todavia, ela não pode, de modo algum, representar a substituição estável e usual da assembleia eucarística dominical da própria comunidade cristã de pertença"[4]. Afinal, a liturgia celebra o senso de pertença à família de Deus que é a Igreja, comunidade visível daqueles que são batizados e se dispõem a seguir e testemunhar Jesus Cristo no mundo.

Mais do que manifestação coletiva de emoções, a liturgia é interiorização, isto é, acolhimento de uma Palavra que converte, alimenta, consola e acompanha. O verdadeiro encontro com Deus, jamais isola a pessoa, sempre promove a cultura do encontro. Não existe altar do Senhor que não seja, ao mesmo tempo, memorial do altar do irmão. Por isso, a didascália ordena aos cristãos: "as viúvas e os órfãos serão para vós como um altar". Até o século IX os fiéis levavam para a igreja dons destinados aos pobres. Desses dons se separavam o pão e o vinho para serem colocados sobre o altar para a Eucaristia, significando que a oferta a Deus e a oferta aos pobres formavam a única "apresentação das oferendas".

Que este texto, preparado e proposto por Débora Pupo, catequista empenhada na formação discipular, possa favorecer a redescoberta do espírito da liturgia, para que a fé professada e celebrada seja transmitida às novas gerações como testemunho de que "conhecer Jesus é o melhor presente que qualquer pessoa pode receber; tê-lo encontrado foi o melhor que ocorreu em nossas vidas, e fazê-lo conhecido com nossa palavra e obras é nossa alegria"[5].

Dom Leomar Antônio Brustolin
Bispo Auxiliar de Porto Alegre

---

3 FORTE, Bruno. *Piccola mistagogia*: introduzione spirituale alla fede. Milano: San Paolo, 2000. p. 45.
4 BOSELLI, Godofredo. *O sentido espiritual da Liturgia*. Brasília: Edições CNBB, 2014, p. 191.
5 V CONFERÊNCIA DO EPISCOPADO LATINO AMERICANO. *Documento de Aparecida*, n. 29.

CAPÍTULO 1

O celebrar no
itinerário catequético

Neste capítulo a proposta é abordar o conceito de celebração, com a intenção de trazer para mais perto dos catequistas a necessidade de uma catequese mais celebrativa capaz de apresentar diferentes modos de celebrar a fé, apropriando-se de recursos para expressá-la. Com essa certeza em mente é interessante nos perguntarmos:

> *Sobre o que estamos falando quando usamos a palavra "celebração"?*

Antes de mais nada, é preciso destacar que ao falar de celebração não podemos limitar o estudo desse conceito à compreensão da missa, ainda que a celebração eucarística seja o ápice da vida de fé em uma comunidade cristã. O Catecismo da Igreja Católica (CIgC) quando, na segunda parte, trata da fé celebrada, apresenta o estudo dos sete sacramentos e não apenas da Eucaristia. Por esta razão é importante ampliarmos a compreensão de celebração, considerando especialmente o espaço catequético como uma dimensão processual que contribui e marca o amadurecimento dos catequizandos, sejam quais forem as suas faixas etárias. Para que isso se realize é preciso ter presente que a fé celebrada pode ser expressão do que foi trabalhado e compreendido na experiência catequética dos encontros. O Diretório Nacional de Catequese (DNC), n. 118, confirma essa nossa reflexão quando diz que:

> Celebração e festa contribuem para uma catequese prazerosa, motivadora e eficaz que nos acompanha ao longo da vida. Por isso, os autênticos itinerários catequéticos são aqueles que incluem em seu processo o momento celebrativo como componente essencial da experiência cristã.

> *Então vamos aprofundar mais sobre o que é celebrar?*
> *Vem para nossa roda de conversa construir um belo diálogo!*

1.1 CELEBRAÇÃO: SOBRE O QUE ESTAMOS FALANDO?

Uma interessante explicação sobre o sentido do termo celebração podemos encontrar no *Dicionário de Liturgia* (SODI, p.183-195).

> *Vamos passear pelos principais pontos dessa reflexão?*

Uma primeira característica que podemos destacar é que ao falar em celebração, no sentido cristão, nos referimos a um fato histórico que possui raízes antropológicas, pois tem a ver com a relação do ser humano consigo, com o próximo, com o mundo e com Deus. Assim sendo, celebrar não é uma ação folclórica ou externa à pessoa, antes a envolve de dentro para fora. Outra característica importante da celebração é o fato de que celebrar é sempre um ato ou um fazer público ligado a uma comunidade e revestido de certa solenidade, de certa importância.

Para a patrística – Teologia desenvolvida nos primeiros séculos do Cristianismo – o termo celebrar "não se limita ao âmbito cultural, mas indica todo o comportamento que possa ser visto em unidade com o culto ou em forte relação com ele" (SODI, p.186). Ajuda-nos a entender como ocorre esta unidade quando Santo Agostinho afirma que celebrar é tornar visível o invisível, é realçar o diálogo entre Deus e o ser humano, que acontece por meio de uma ação significativa que traz em si passado e futuro. Por isso não é exagero quando SODI (p. 190) afirma que "a celebração é realização ritual da fé" na qual se incentiva o diálogo. Isto porque há dois elementos principais da celebração que o mobilizam: o anúncio da Palavra de Deus e a resposta da assembleia. Ajuda-nos a compreender a celebração como ritual de fé se tivermos sempre presentes que "a celebração é o momento em que o divino irrompe no humano mediante um regime de linguagem e sinais" (SODI, p. 194).

Se a celebração é uma ação ritual, que suscita um diálogo e incita uma resposta da pessoa ao Deus que lhe fala e comunica sua mensagem de salvação, então precisamos ter presente uma certeza e um desafio. A certeza: a pessoa precisa ser educada para celebrar, para inserir-se nesse diálogo com Deus e responder de acordo com seu ser. O desafio: na catequese deve acontecer a educação para a celebração.

Porém, não se deve "confundir nem identificar o momento catequético com o especificamente celebrativo: são duas realidades bem distintas nas modalidades de atuação, ainda que o objetivo seja comum a ambas" (SODI, p. 194).

Para ilustrar a posição da celebração dentro da ação catequética vamos utilizar a imagem do sal, aquele mesmo que usamos para salgar os alimentos. Bem sabemos da importância do sal para dar sabor ao que vamos comer; porém, sal em excesso faz mal, e quando precisamos tirá-lo de nosso hábito alimentar faz-se necessário encontrar um substituto à altura, que dê gosto ao que vai nos alimentar. Pois bem, sal demais estraga tudo e sal de menos deixa tudo sem gosto; é preciso um meio termo, para que possamos degustar o sabor do alimento preparado. Talvez você ache o exemplo um pouco simples demais, porém essa relação é justificável: a celebração precisa acontecer na catequese e a celebração precisa ser catequizadora. No entanto, é preciso atenção, para que uma não se sobreponha a outra.

Para tanto um bom itinerário catequético deve contemplar momentos celebrativos como que o tempero para as atividades, como o sal, que, na medida certa, confere sabor aos alimentos. Uma catequese que conjugue aprofundamento (estudo) e celebração será, com certeza, uma catequese festiva, prazerosa, que marcará os catequizandos e os ajudará a se predisporem ao ápice do diálogo com Deus, que acontecerá quando, por ocasião do Sacramento da Eucaristia, eles poderão participar plenamente da celebração eucarística.

1.2 A CELEBRAÇÃO NO ITINERÁRIO CATEQUÉTICO

Se catequese é um itinerário de educação da fé, então precisamos falar sobre o lugar da celebração nesse itinerário. Quando se organiza o caminho catequético com suas ações e atividades, o momento celebrativo se insere como marco para indicar o crescimento e amadurecimento da fé e de sua compreensão.

 O momento celebrativo se insere como marco para indicar o crescimento e amadurecimento da fé e de sua compreensão.

Se o momento celebrativo evoca a dimensão de amadurecimento e compreensão acerca do conhecimento adquirido nos encontros, considera-se importante propor o celebrar para concluir determinados grupos de temas, ou seja, em cada fechamento de blocos de estudo, tendo a intenção de ajudar os catequizandos a parar, voltar sua atenção para o Senhor e com Ele conversar, por meio de sua Palavra. Assim, ao terminar, agradecemos ao mesmo Senhor pelo caminho percorrido e pelos ensinamentos recebidos. A celebração também pode marcar o início de um novo percurso: quando começamos, pedimos ao Senhor que nos acompanhe na caminhada.

Ao falar da celebração na catequese me vem à mente uma passagem bíblica: quando o profeta Elias, ao fugir de seus perseguidores, é acordado pelo anjo no deserto para que coma, pois o caminho que ele precisa percorrer para encontrar-se com o Senhor ainda é longo. Vamos recordar o texto de 1Rs 19,1-8:

Acab contou a Jezabel tudo que Elias tinha feito e como tinha passado ao fio da espada todos os profetas de Baal. Então Jezabel mandou um mensageiro a Elias para lhe dizer: "Os deuses me cumulem de castigos, se amanhã, a esta hora, eu não tiver feito contigo o mesmo que fizeste com a vida desses profetas". Elias ficou com medo e, para salvar sua vida, partiu. Chegou a Bersabeia de Judá e ali deixou o seu servo. Depois, adentrou o deserto e caminhou o dia todo. Sentou-se, finalmente, debaixo de um juníparo e pediu para si a morte, dizendo: "Agora basta, Senhor! Tira a minha vida, pois não sou melhor que meus pais". E, deitando-se no chão, adormeceu à sombra do juníparo. De repente, um anjo tocou-o e disse: "Levanta-te e come!" Ele abriu os olhos e viu junto à sua cabeça um pão assado na pedra e um jarro de água. Comeu, bebeu e tornou a dormir. Mas o anjo do Senhor veio pela segunda vez, tocou-o e disse: "Levanta-te e come! Ainda tens um caminho longo a percorrer". Elias levantou-se, comeu e bebeu, e, com a força desse alimento, andou quarenta dias e quarenta noites, até chegar ao Horeb, o monte de Deus.

Vimos que Elias se encontra em uma situação de perigo e precisa se alimentar, aqui o símbolo do alimento material nos remete ao fortalecimento espiritual. Isto nos leva associar com a celebração em nosso itinerário catequético: marca uma pausa para restaurar as forças e seguir adiante.

Elias está caminhando em direção ao Horeb para encontrar-se com o Senhor. É um momento de epifania, isto é, de manifestação divina, e ele precisa estar atento aos sinais. Nesse contexto a celebração compreendida como um momento conclusivo nos ajuda a fechar um ciclo e nos abrir para outra dimensão, sempre na atitude de gratidão seja pelo que vivemos e aprendemos, seja pelo caminho que continua diante de nós.

> 66 A celebração compreendida como um momento conclusivo nos ajuda a fechar um ciclo e nos abrir para outra dimensão. 99

Seguindo a narrativa bíblica os próximos versículos mostram que Elias chega ao monte e o Senhor lhe dirige a palavra, lhe chama pelo nome, o profeta apresenta suas queixas e o Senhor lhe pede que saia da gruta em que se esconde e manda que se prepare, pois Ele passará diante de Elias. Vamos ao texto de 1Rs 19,9-15:

> Chegando ali, entrou numa gruta, onde passou a noite. Então a palavra do Senhor veio a ele, dizendo: "Que fazes aqui, Elias?" Ele respondeu: "Estou ardendo de zelo pelo Senhor, Deus dos exércitos, porque os israelitas abandonaram tua aliança, demoliram teus altares, mataram à espada teus profetas. Só eu escapei; mas agora querem matar-me também". O Senhor disse-lhe: "Sai e permanece sobre o monte diante do Senhor". Então o Senhor passou. Antes do Senhor, porém, veio um vento impetuoso e forte, que desfazia as montanhas e quebrava os rochedos, mas

o Senhor não estava no vento. Depois do vento houve um terremoto, mas o Senhor não estava no terremoto. Passado o terremoto, veio um fogo, mas o Senhor não estava no fogo. E depois do fogo ouviu-se o murmúrio de uma leve brisa. Ouvindo isto, Elias cobriu o rosto com o manto, saiu e pôs-se à entrada da gruta. Ouviu, então, uma voz que dizia: "Que fazes aqui, Elias?" Ele respondeu: "Estou ardendo de zelo pelo Senhor, Deus dos exércitos, porque os israelitas abandonaram tua aliança, demoliram teus altares e mataram à espada teus profetas. Só eu escapei. Mas, agora, querem matar-me também". O Senhor disse-lhe: "Vai e volta por teu caminho, rumo ao deserto de Damasco".

De acordo com a narrativa vemos que Elias tem três grandes experiências: vento, terremoto e fogo. Esses são símbolos bíblicos para a manifestação divina no Antigo Testamento. No entanto, Elias não sente a presença de Deus nestes fenômenos, apenas depois do barulho, quando uma brisa suave o envolve ele reconhece o Senhor que lhe visita e com ele fala.

> Vamos, pois, olhar mais de perto a figura de Elias e a experiência narrada em 1Rs 19,1-15 para ilustrar nossa conversa sobre o momento celebrativo no itinerário catequético.

Já falamos que a celebração é um marco na caminhada de crescimento e amadurecimento da fé. Elias precisa se alimentar física e espiritualmente para prosseguir em direção ao seu grande encontro.

Durante a árdua caminhada temos dois momentos nos quais Elias é chamado a se alimentar: pão e água são símbolos do auxílio divino durante o caminho pelo deserto. Ainda não é o Senhor, mas permite reconhecê-lo. Em nossa reflexão podemos comparar essa experiência com os momentos celebrativos: não é o ápice da manifestação divina, mas nos prepara para o grande encontro.

Nos versículos 11-13 do capítulo 19 temos o momento no qual Elias esperava: o encontro com o Senhor. Mas até para Elias a compreensão não é instantânea, o profeta precisa de atenção, pois o que julgava saber sobre a manifestação divina não se revela suficiente. Deus não está nem no vento forte, nem no terremoto, nem no fogo, o Senhor se revela na brisa suave.

A experiência de Elias no Monte Horeb nos ajuda compreender que, quando falamos de educação litúrgica, precisamos não apenas explicar o significado do que celebramos e sim educar os catequizandos "à oração, à gratidão, à penitência, à solicitação confiante, ao sentido comunitário" (DGC, n. 85). Elias faz a experiência da presença de Deus de uma maneira diferente daquelas tradicionais (a saber: o vento forte, o fogo, o terremoto), isso nos mostra que, muitas vezes, é preciso educar nossa sensibilidade para conseguir compreender a presença de Deus, treinar a paciência e encontrar novas possibilidades de relacionar-se com o Senhor.

Se afirmamos que a catequese tem a responsabilidade de educar liturgicamente, isto significa dizer que "educar" tem o mesmo sentido de iniciar, garantindo a seus interlocutores a compreensão do que veem e celebram, tendo presente que a catequese é um processo sistemático de educação da fé (cf. CT, n. 18), e como tal faz dos momentos celebrativos um processo de iniciação à vida litúrgica da Igreja.

É preciso ter atenção para não exigir dos catequizandos o que ainda não podem oferecer. Tudo bem que eles já têm contato com as celebrações eucarísticas, afinal hoje não é mais segredo o que acontece durante a missa, ou demais celebrações litúrgicas, mas nem por isso podemos acreditar que eles já saibam o que estão celebrando ou que entendam as motivações e razões de determinados símbolos e gestos usados nas celebrações.

A missão da catequese será, ao longo do percurso catequético, realizar momentos celebrativos para que os catequizandos possam, aos poucos, serem iniciados na dimensão litúrgica da própria fé. No entanto não podemos esquecer que é preciso uma opção, ou seja, mais que "aprender a participar da missa" o catequizando precisa ser conduzido ao encontro com Jesus Cristo e este encontro é como um caminho, longo sim, mas que conduz ao ápice da manifestação divina, ou seja, à celebração do sacramento.

Para nos ajudar a refletir voltemos a Elias e sua experiência de caminho pelo deserto rumo ao monte Horeb para encontrar com o Senhor. Tendo como inspiração essa passagem podemos fazer a seguinte analogia:

O caminho pelo deserto até o monte Horeb → ao itinerário catequético.

Elias → aquele que é convidado a percorrer um caminho de iniciação.

O pão e a água → os momentos celebrativos dispostos ao longo do itinerário catequético.

O monte Horeb → o espaço celebrativo no qual o Senhor vem ao encontro dos que o procuram.

O vento, o terremoto e o fogo → figuras de linguagem para a manifestação divina no Antigo Testamento. É significativo o fato de Elias não encontrar Deus nesses fenômenos da natureza. Tal constatação nos permite perceber que a presença divina é livre e sua manifestação está muito além do que julgamos conhecer. E, também, que não está restrita a espaços predeterminados.

Brisa suave → momento em que nos encontramos na presença do Senhor. Ao falar do murmúrio de uma brisa suave o texto identifica ser esse o momento em que Elias sente a presença divina. Lembremos que no processo de educação litúrgica precisamos educar nossos catequizandos para a contemplação, o silêncio e a oração. Podemos associar a brisa suave aos momentos em que o catequizando reconhecerá/sentirá o Senhor nas celebrações das quais participará ativa e conscientemente, compreendendo que está ali para celebrar sua vida e sua fé e não apenas para cumprir uma obrigação que nada tem a lhe dizer.

É possível dizer ainda que, no percurso da nossa catequese, as celebrações são como que treinamentos para o ápice do encontro com o Senhor que acontecerá no silêncio de cada ser.

Parafraseando 1Rs 9,7 podemos concluir: levanta-te e celebra, pois, o caminho é longo e o Senhor já lhe espera no final!

1.3 UMA PALAVRA SOBRE O USO DOS SÍMBOLOS NA CATEQUESE

Já sabemos que a catequese é chamada a propor e conduzir ao encontro com Jesus Cristo e assim comunicar a fé no Filho de Deus encarnado, por isso, podemos afirmar que na catequese somos, por assim dizer, responsáveis pelas coisas da fé, uma responsabilidade e tanto!

Se nos perguntarmos sobre como comunicar essa experiência de fé, ou qual linguagem precisamos usar para nos fazer compreender, vamos perceber que necessitamos de símbolos para falar de Deus, pois por meio de uma linguagem simbólica podemos promover a compreensão sobre as manifestações de Deus, assim como aconteceu com o profeta Elias com a manifestação divina no monte Horeb, que deve ser compreendida e entendida como experiência de vida e de fé.

> O uso dos símbolos na catequese é ponte que liga a Palavra anunciada e a experiência a ser vivida.

O uso dos símbolos na catequese é ponte que liga a Palavra anunciada e a experiência a ser vivida. Eles devem ser entendidos e compreendidos pelos catequizandos, porém precisamos buscar maneiras para que tal entendimento não nasça de uma explicação mecânica que esvazie a força simbólica. Estamos falando de relação. Por isso, ao propor um símbolo, o catequista precisa ter claro que a finalidade é criar sentido, ou seja, estabelecer uma ligação do conceito a ser transmitido e a experiência vivida de quem recebe a transmissão conceitual.

Uma ação simbólica deve envolver a pessoa em todas as suas dimensões. É preciso lembrar que o ser humano é dotado de vários sentidos e que ao propor um símbolo não podemos descuidar desse detalhe. Ou seja, nada de coisas artificiais (flores, plantas, frutas, alimentos); se vamos usar símbolos, que sejam reais com textura, cheiro, som. Pois assim a catequese tocará não apenas a mente, mas entrará pelos ouvidos, pelo nariz, pela boca e pela pele de nossos catequizandos, e, se eles permitirem, se tornará vida em suas vidas.

1.4 EM QUE MOMENTO CELEBRAR?

Retornaremos ao concreto de nosso itinerário catequético. Quando iniciamos o ano de catequese sabemos quantos encontros estão previstos, temos um planejamento de conteúdo e recebemos o material que nos ajudará, pelo menos com o básico, a desenvolver os encontros. Pois bem, façamos uma análise bem simples: identifique o número de encontros que terá ao longo do ano (contando todas as semanas em que se encontrará com os catequizandos e não apenas os números de encontro de seu manual de catequese). Analise os conteúdos que foram indicados para serem trabalhados, entre os conteúdos identifique quantos encontros são dedicados a momentos celebrativos com os catequizandos (aqui não falo das celebrações na comunidade e sim das celebrações realizadas apenas com o grupo de catequizandos e o catequista).

Esta análise nos permite perceber qual a importância da dimensão celebrativa em nosso itinerário catequético. Ou seja: um bom itinerário deveria prever momentos celebrativos, pelo menos, a cada quatro ou cinco encontros de estudo e aprofundamento. E o catequista precisa ser orientado com esmero sobre esses momentos que, juntamente com o incentivo da participação dos catequizandos nas celebrações comunitárias, serão o espaço de educação litúrgica para crianças, adolescentes e adultos.

A ideia que apresentamos aqui é de um caminho progressivo. Ao falar de catequese litúrgica não queremos restringir a catequese à repetição do calendário litúrgico, pois a dimensão é bem mais ampla visto que

> a catequese litúrgica prepara para os sacramentos e ajuda a vivenciá-los: leva a uma maior experiência do mistério cristão. Ela explica o conteúdo das orações, o sentido dos gestos e sinais, educa à participação ativa, à contemplação e ao silêncio (DNC, n. 121).

Ao contemplar Elias em sua caminhada até o Horeb vemos que ele precisou se alimentar durante a caminhada e que o alimento não era o encontro definitivo, mas de certa maneira Deus já o esperava no alimento preparado. Nossos catequizandos que iniciam a caminhada catequética precisam ser alimentados ao longo do caminho que o prepare e fortaleça para dar razões da sua fé. No catecumenato antigo os catecúmenos eram inseridos aos poucos na celebração da comunidade, pois precisavam ser iniciados. Apenas quando celebrassem os sacramentos da iniciação é que poderiam participar da celebração até o fim. Conforme se tornavam aptos para participar ativamente eles eram aceitos pela comunidade para celebrar com eles.

> **❝** Celebrar na catequese é ajudar o catequizando a ir "se acostumando" com a riqueza ritual de nossa fé. **❞**

Hoje sabemos que nossas crianças têm contato com as celebrações desde cedo (e assim deve ser); porém, nem sempre ter contato significa que sejam preparadas para o que celebram. Por isso, podemos dizer que o tempo da catequese é também espaço de aprendizado celebrativo. Ou seja: celebrar na catequese é ajudar o catequizando a ir "se acostumando" com a riqueza ritual de nossa fé e, ao mesmo tempo, ser possível explicar o conteúdo, o sentido e o significado de gestos e símbolos, uma vez que a catequese é o espaço de educação da fé. Celebrar com o grupo de catequese é uma maneira de educar os sentidos e o corpo todo para as celebrações comunitárias. É ajudar a compreender os momentos de fala e de silêncio, de prece e de escuta, de interioridade e de interação com a comunidade. Para isso precisamos falar de educação ritual ou de iniciação litúrgica.

Vamos continuar nossa conversa?

CAPÍTULO 2

Celebração e ritos
no amadurecimento da fé

Neste capítulo a intenção é refletir sobre a necessidade de uma educação ritual em nossa catequese que, mais do que explicar os ritos, prepare os catequizandos para a celebração e desperte neles o desejo de querer celebrar, não tanto porque entendem e sim porque sentem que a celebração faz parte da vida de cada um e que sem a dimensão celebrativa a maturidade da fé, e na fé, ficará cada vez mais distante.

2.1 UMA RELAÇÃO QUE INSPIRA O PROCESSO DE INICIAÇÃO

Para nos ajudar nesta reflexão vamos chamar para nossa conversa dois personagens já conhecidos: o pequeno príncipe e a raposa. A intenção de mencioná-los aqui é porque o diálogo dos dois se torna inspirador para nós. Vamos acompanhar mais de perto?

> **RECORDANDO A HISTÓRIA**
>
> O pequeno príncipe está cansado, triste e sente-se sozinho. De repente escuta uma voz que lhe cumprimenta, é a da raposa que revela seu esconderijo. Ele então pede para brincar com ela, mas ela lhe diz que eles não podem brincar, pois não foram cativados, ainda não são amigos. O pequeno príncipe não tem tempo para conversar, pois ele quer encontrar amigos e viver novas aventuras, porém a raposa o alerta que para encontrar amigos ele precisa investir tempo e paciência até cativar a nova amizade. O príncipe não entende o que significa cativar e a raposa irá não só explicar, como também, conduzi-lo para uma relação de amizade, lhe ensinando que esta se constrói a cada dia, ao criar rotina, sentar-se mais perto, ter horário para a visita, preparar-se para receber o amigo... No final eles se despedem e a raposa oferece ao príncipe um segredo: o essencial é invisível aos olhos, só se vê bem com o coração! (cf. SAINT-EXUPÉRY, 2015, p. 65-73).

A raposa e o príncipe em um processo de construção de amizade, ou de "criar laços", segundo as palavras da própria raposa, realizam um processo de aproximação de construção da amizade. Ela descreve no texto que este se realiza gradual e progressivamente; é preciso tempo, pois se trata de um processo de cativar. O príncipe e ela precisam primeiro se conhecer, ir aos poucos se revelando, por meio de pequenas atitudes que os aproximam dia a dia. E aqui encontramos a primeira relação com o nosso tema: também nós na catequese estamos em um processo de construção de amizade, em um processo de cativar e deixar-se cativar por Jesus e sua Igreja, e isso acontece a cada encontro, a cada celebração. A raposa diz ao príncipe que a cada dia ele se sentará mais perto e que será bom se ele estabelecer uma rotina, respeitar um horário para visitá-la, pois assim ela pode melhor se preparar para recebê-lo e lhe informa que essas atitudes são maneiras de cativarem-se um ao outro progressivamente.

> Qual é a relação desse dado com a catequese?

Está no fato de que, antes de começar o ano, projetamos o itinerário catequético, definimos ações, momentos celebrativos e orantes, datas e horários para os encontros, tudo isso tem relação com as atitudes que a raposa indica ao pequeno príncipe para que eles possam cativar um ao outro. Tanto na história como na catequese a rotina é fundamental para que se possa estabelecer laços de verdadeira amizade, pois só se conhece bem aquilo que se gasta tempo para conhecer.

Pelo que a raposa explica ao príncipe podemos perceber que precisaremos de dois auxiliares em nossa dinâmica catequética: paciência e ritos.

A paciência, entendemos, é uma virtude que exige controle emocional, compreensão, tolerância diante dos erros e situações indesejadas e perseverança em relação a algo ou ação que demanda tempo para se concretizar. Já, em relação aos ritos, vale a pena nos perguntarmos como fez o pequeno príncipe: O que são ritos? E a raposa lhe respondeu: É algo esquecido. Agora nós podemos nos perguntar: Por que os ritos são esquecidos? A resposta nos será oferecida pela própria raposa: Porque não se tem mais tempo, todos têm pressa.

Eis mais uma reflexão que podemos colher desse diálogo: para ter amigos é preciso cativar, e esse processo de construir a amizade (cativar) requer tempo e ritos. Você pode se perguntar: e o que isso tem a ver com a catequese? Vamos em frente que encontraremos a resposta.

Primeiro recordamos que a raposa e o príncipe iniciam um processo que os levará à amizade. Pois bem, hoje se percebe a necessidade de uma catequese encantadora em que o catequizando seja conduzido em um caminho de encontro pessoal com Jesus Cristo para que, ao encantar-se por Ele, ao aceitar sua amizade, faça sua opção por segui-lo de todo coração.

Vamos destacar melhor as ideias colhidas no diálogo:

> Amizade é estabelecer laços.
> Criar laços é cativar.
> Para cativar é preciso estabelecer um ritual.
> Ritual requer paciência, pois é um conjunto de ações repetidas que determinam um ritmo à vida. Por isso ele precisa de tempo.

Na explicação da raposa percebemos que cativar é o processo de construir a amizade e o rito é o meio pelo qual o cativar se constrói. Por isso, para atingir o objetivo, ser amigo da raposa, o príncipe precisa ter paciência e respeitar o ritual próprio da amizade. Como ele não tem experiência em construir amizades, a raposa o ajuda a perceber os detalhes que devem ser respeitados. Com isso podemos dizer que o pequeno príncipe foi educado ritualmente, ou iniciado no processo de amizade pela raposa. O principezinho já sabia o que era amizade, afinal estava em busca de amigos, sentia saudade da sua rosa deixada em seu planeta. Porém precisava compreender que a amizade é um processo que se constrói com paciência, progressivamente.

Inspirados pelo diálogo da raposa com o príncipe podemos olhar para a catequese como um processo de construção de uma amizade e falar de um processo de iniciação, ou melhor, de educação ritual. Esta precisa acontecer gradualmente no decorrer dos encontros e programas de catequese oferecidos aos nossos catequizandos.

 RITOS E EDUCAÇÃO RITUAL

Agora é bom reunirmos algumas definições que podem nos ajudar a aprofundar um pouco mais a pergunta: o que são ritos?

Uma primeira resposta pode ser: "ritos são um conjunto de ações simbólicas, repetidos e adotados por determinado grupo e que define sua identidade" (BUYST, p. 23). Nesta definição chama atenção o fato de que o rito está em relação com a identidade, que por sua vez está ligada à opção. Sendo assim não é exagero dizer que a dificuldade que temos de ajudar nossos catequizandos a participar dos ritos litúrgicos pode estar ligada ao fato de que eles não se identificam com o que celebram. Isto é, nossos catequizandos não assumem os ritos dos quais participam como parte de sua história, de sua memória, de sua tradição.

Por isso precisamos resgatar em nossa catequese um processo de educação ritual. Mas atenção: não se trata de mera explicação e nem de participação obrigatória. Precisamos apresentar os ritos como "formas de vida estilizadas e típicas, que imprimem sensibilidade e emoção, sustentam o intelecto e a razão no campo de encontro/desencontro do espaço e do tempo" (GRILLO, p. 16).

Se os ritos são compreendidos como formas de vida que imprimem sensibilidade, então não se trata de desenvolver somente a dimensão racional que advém da explicação ou repetição mecânica dos ritos. Faz-se necessário compreender que "a vida sacramental se empobrece, e bem depressa se torna um ritualismo oco se ela não estiver fundada num conhecimento sério do que significam os sacramentos. E a catequese intelectualiza-se, se não for haurir vida numa prática sacramental" (CT, 23).

Então o que fazer? Como agir? Quisera eu ter as respostas na ponta da língua, ou melhor, na ponta dos dedos para digitar! Embora não tenha respostas prontas e nem mágica é possível dizer que temos pistas que podem ser indicadas.

Em primeiro lugar é preciso se perguntar como exploramos, e se exploramos, a vivência ritual nos encontros de catequese, ou seja, de que maneira iniciamos nossos catequizandos? Quais recursos dispomos?

Se retomarmos o diálogo da raposa e do pequeno príncipe vamos perceber que os exemplos citados eram coisas comuns: sentar-se mais perto, chegar no mesmo horário, respeitar os compromissos estabelecidos. Nosso desafio está em ajudar nossos catequizandos a despertarem a sensibilidade para perceber a presença de Deus em suas vidas e história.

Um exemplo claro que podemos citar é a prática da Leitura Orante com os catequizandos. Esse exercício pode favorecer um maior contato com a Sagrada Escritura e também desenvolver a capacidade de concentração e silenciamento, ajudando crianças, adolescentes, jovens e adultos a refletirem a própria vida à luz do Evangelho.

Outro exemplo que podemos destacar são as celebrações que se propõem envolver os catequizandos, seja por meio de leituras, seja por meio da entrega de símbolos importantes para nossa fé. Podemos comparar esses momentos aos exercícios que a raposa propôs ao príncipe no processo de cativar, pois será através da participação, ainda que por vezes desatenta, ou sem total compreensão, que os catequizandos se acostumarão com a linguagem simbólica e ritual de nossas celebrações. Ou seja, aos poucos eles serão cativados pelo mistério celebrado e poderão experienciar a beleza da liturgia cristã.

Precisamos, também, pensar a participação na celebração eucarística como o cume de um processo de iniciação litúrgica, e não como exigência para iniciar o caminho. Para nos ajudar a melhor entender o ideal de nossas ações para que isso se concretize, novamente recorremos ao diálogo da raposa e do pequeno príncipe, quando ela lhe disse que antes de brincar precisavam se tornar amigos; ou seja, um não representava nada para o outro, pois ainda não haviam se cativado. Com isso ela esclarece que, quando a amizade surgisse, tudo teria um novo sentido e o encontro seria esperado. Quando, enfim, se encontrassem, a alegria seria completa.

O caminho da catequese deveria ser esse percurso de encantamento, ir aos pouco inserindo os catequizandos no sentido da celebração, educá-los para as celebrações por meio de vivências celebrativas dentro dos próprios encontros catequéticos. Inserir pequenos ritos em que eles sejam protagonistas e convidá-los a participar das celebrações nas comunidades. Assim, na dinâmica dos encontros vai se propondo atividades que possam resgatar o sentido de celebrar, como por exemplo, por meio das celebrações de entrega e ritos de passagem que a catequese de inspiração catecumenal nos possibilita inserir na caminhada catequética de nossas crianças, adolescentes, jovens e adultos.

> **"** O caminho da catequese deveria ser um percurso de encantamento que aos poucos insere no sentido da celebração **"**

Em um itinerário catequético paroquial a primeira atividade, geralmente, é uma missa que marca o início das atividades catequéticas. As crianças, adolescentes, famílias e comunidade são convidados a participar. Essa iniciativa tem sua validade, visto ser a celebração eucarística o ápice da vida litúrgica da Igreja. Porém, pode-se pensar de forma diferente para garantir uma participação mais consciente acerca da celebração.

> Vamos entender melhor.

Se a celebração eucarística é o ápice, isto é, o ponto mais alto da vida litúrgica da Igreja, então é justo pensar em um caminho ascendente. Lembremos que no catecumenato antigo os catecúmenos só participavam de toda a celebração quando, na Vigília Pascal, eram iniciados sacramentalmente. Antes disso participavam por partes e se retiravam em determinado momento da celebração.

Não se trata hoje de proibir a participação, ou tirar os catequizandos da missa antes do final. No entanto, é possível pensar um itinerário crescente que contribua para haver cada vez mais o envolvimento dos catequizandos na celebração, de modo que efetivamente ajude-os a sair do entendimento de exigência para o movimento de sentir necessidade de participar das celebrações. Para isso contribuem os momentos celebrativos realizados com os grupos de catequese, uma vez que as celebrações na catequese buscam educar os sentidos para a participação na celebração comunitária. Elas não substituem a participação na missa, mas podem levar a uma predisposição necessária para bem celebrar.

Se seguirmos a ideia de processo, podemos pensar em organizar de maneira crescente a exigência de participação dos catequizandos na celebração eucarística e aproveitar melhor os momentos celebrativos nos encontros de catequese. Sobre isso é importante dizer que, quando falamos "aproveitar melhor os momentos celebrativos nos encontros", não estamos pensando em momentos explicativos apenas. Não se trata de uma vez por mês "tirar um tempo" para explicar aos catequizandos o que acontece na celebração, isso já seria catequese e não celebração. A proposta é de reservar momentos em que o grupo se coloque em oração, contemplação, silêncio e reflexão da Palavra. Isto requer que na estrutura do encontro se considere o momento celebrativo, diferenciado do momento de aprofundamento de conteúdo. Esta distinção na prática dos encontros ajuda também aos catequizandos a progressivamente vivenciar a ritualidade do encontro, facilitando entender mais adiante a ritualidade presente na celebração eucarística.

Tendo em mente a cena do príncipe e da raposa, podemos dizer que o exercício do príncipe em cativar a raposa pode ser relacionado aos momentos celebrativos em nosso itinerário catequético. Todos os detalhes: sentar cada dia mais perto, observar um horário e, porque não dizer, observar também um dia, o tempo certo para a visita ao amigo. Esses detalhes já são, de certa maneira, o encontro em si; ajudam tanto a raposa quanto o pequeno príncipe a aproximarem-se e tornarem-se amigos.

Outra analogia me vem à mente agora: a do quebra-cabeça. Neste jogo temos uma figura composta de peças das mais variadas formas que precisam se encaixar. Pois bem, podemos dizer que a celebração eucarística é como a figura completa do quebra-cabeça que vem desmontado e precisa ser encaixado com paciência e atenção. A catequese é o espaço onde esse quebra-cabeça será "montado", ou seja: a catequese ajudará os catequizandos a organizar as várias peças de sua vida e encaixá-las corretamente para montar a bela figura da sua amizade com o Mestre. Nesse quebra-cabeça os momentos celebrativos na catequese são as peças pequenas que precisam ser encaixadas. Não tem como forçar, nem colocar uma peça fora do seu lugar, é preciso atenção e paciência para que cada uma ocupe o seu lugar devidamente.

CAPÍTULO 3

Iniciação litúrgica
com crianças e adolescentes

A intenção deste capítulo não será tanto a de explicar como realizar os ritos, mas sim discorrer sobre quais são as atitudes dos envolvidos nas celebrações, sobre a responsabilidade dos participantes. Tendo presente que o destaque será a inspiração catecumenal e não a mera reprodução das práticas catecumenais de tempos passados. Como questionamento de fundo está a seguinte pergunta: Qual o sentido de celebrar os ritos de Iniciação do RICA com crianças já batizadas?

Não podemos pensar a catequese hoje sem considerar que ela está a serviço da Iniciação à Vida Cristã. Vamos compreender melhor observando com atenção o que dizem os números 65 ao 68 do Diretório Geral para a Catequese (DGC, 1997). **Vejamos:**

Número 65 – Destaca a importância da celebração dos sacramentos da iniciação cristã e sua relação com a catequese entendida como educação da fé.

Número 66 – Apresenta a catequese como elemento fundamental da iniciação cristã e em estreita ligação com os sacramentos da iniciação cristã. Apresenta, ainda, que "a finalidade da ação consiste precisamente nisto: em favorecer uma viva, explícita e operosa profissão de fé".

Número 67 – Discorre sobre as características de uma catequese a serviço da iniciação cristã elegendo a catequese como: formação orgânica e sistemática da fé; um aprendizado para toda vida cristã; é uma formação essencial, centrada naquilo que constitui o núcleo da experiência cristã.

Número 68 – Afirma que a catequese realiza as tarefas de educar, instruir e celebrar, pois contempla a pessoa e a insere na comunidade que vive, celebra e testemunha a fé, e também que a "riqueza inerente ao catecumenato dos adultos não batizados, deve inspirar as demais formas de catequese".

Percebe-se que o número 68 nos apresenta o catecumenato como modelo para a catequese em todas as faixas etárias; podemos então dizer que ele é a inspiração para a catequese hoje. Diante de tal importância é justo, neste momento, nos perguntarmos: Qual é a contribuição do catecumenato com adultos não batizados para o processo de iniciação dos catequizandos de hoje na dinâmica celebrativa da vida da Igreja?

Como resposta para essa pergunta podemos dizer que se faz necessário trabalhar com a inspiração catecumenal que nos ajudará a reaproximar a catequese da dimensão litúrgica e celebrativa da Igreja.

Por isso, vamos agora considerar que o catecumenato com adultos não batizados, que nos é apresentado no Diretório Geral para a Catequese (DGC), consiste em ser uma inspiração para as demais formas de catequese.

Antes de prosseguir é importante mencionar que, como definição, pode-se dizer que o catecumenato é uma instituição eclesial de tipo pastoral-litúrgica para adultos, os quais desejam tornar-se cristãos. Nasce com as comunidades primitivas e se consolida, através das experiências, até se tornar a etapa fundamental da iniciação cristã (CAVALLOTTO, 1996).

Nesta perspectiva, vamos, em primeiro lugar, apresentar algumas de suas características para depois tentar encontrar os elementos para nossa prática catequética e celebrativa que nos ajudam a compreender o catecumenato:

- Trata-se da maneira como eram preparados aqueles que pediam para entrar na comunidade cristã.
- Era pensado para pessoas adultas.
- O anúncio do Querigma (primeiro anúncio de Jesus Cristo) era essencial aos que desejavam entregar-se à Cristo e pediam o Batismo.
- Segundo tempo no itinerário de iniciação identificado com o tempo da catequese.
- O tempo da catequese era um período relativamente longo marcado pela celebração dos ritos que indicavam o progresso espiritual e o caminho de conversão de quem pedia os sacramentos à comunidade.
- Consolidou-se nas comunidades primitivas através da experiência, até estabelecer-se como etapa essencial da iniciação cristã.
- É um período composto por uma proposta formativa-pastoral para aqueles que desejavam se tornar discípulos de Jesus Cristo.
- O processo formativo acontece em etapas que propiciavam o progresso espiritual para quem busca ser cristão.
- A formação catequética é bíblica e se estrutura pela experiência da escuta da Palavra de Deus, pelos exercícios espirituais, pelos ritos e celebrações que impulsionam a mudança de vida.

- ✓ Propõe uma formação exigente que abordava a mensagem cristã, o entendimento das verdades da fé e a orientação moral.
- ✓ Quem era aceito no catecumenato se chamava catecúmeno: aquele que é catequizado, preparado para o Batismo.
- ✓ Todo o processo envolvia uma dinâmica formativa imbuída de espiritualidade.
- ✓ O catequista ocupa o papel de formador.

Deve-se destacar ainda que estamos em um período (primeiros séculos) cristão que não é fácil nem natural ser cristão. Trata-se de um processo de conversão e opção por Cristo e sua comunidade. Pois bem, em síntese, este é o catecumenato para adultos não batizados que o DGC apresenta como inspiração para as demais formas de catequese.

Antes de aprofundarmos essa questão da inspiração catecumenal, é preciso mencionar um documento importante: o Ritual de Iniciação Cristã de Adultos, o RICA. Isto porque nos apresenta uma estrutura para a iniciação cristã que visa recuperar elementos importantes da tradição cristã.

O RICA não possui o conteúdo da catequese, antes faz uma descrição dos tempos e ritos da iniciação, e permite unir o caminho de formação e de celebração. Apresenta, também, a unidade dos sacramentos da iniciação e afirma que "de tal modo se completam os três sacramentos da iniciação cristã, que proporcionam aos fiéis atingirem a plenitude de sua estatura no exercício de sua missão de povo cristão, no mundo e na Igreja" (RICA, Observações preliminares, n. 2).

Agora, sim, vamos nos dedicar a responder à pergunta que, desde o início, está nos acompanhando: Em que consiste a inspiração catecumenal?

3.1 O QUE É INSPIRAÇÃO CATECUMENAL

Para nos ajudar a esclarecer o que entendemos por "inspiração catecumenal" vamos recorrer ao número 56 do documento 107 da CNBB, que nos apresenta a inspiração "como uma dinâmica, uma pedagogia, uma mística", que nos convida a entrar sempre mais no mistério do amor de Deus.

É possível afirmar que uma **primeira característica** da inspiração catecumenal é sua dimensão mística, ou seja, a catequese de inspiração catecumenal é um processo que conduz o catequizando na busca de Deus e ao encontro pessoal com Jesus Cristo. Por isso é necessário o cultivo da mística do encontro que leva os interlocutores da catequese "não tanto a ouvirem e falarem sobre Deus, mas sim, a ouvirem e falarem com Deus" (Doc. 107, n. 57).

Uma **segunda característica** que precisa ser ressaltada é a importância do anúncio de Jesus Cristo que, "enviado pelo Pai, ama e dá a vida para nos salvar, e agora vive conosco todos os dias, pelo Espírito Santo, para iluminar, fortalecer, libertar" (Doc. 107, n. 59). Se o anúncio de Jesus Cristo é central na inspiração catecumenal, então podemos dizer que a Palavra de Deus é central, por isso é preciso pensar em ações que aproximem catequista e catequizandos do contato com a Bíblia. Já afirmava João Paulo II que "a catequese há de haurir sempre o seu conteúdo na fonte da Palavra de Deus" (CT, n. 27).

Como **terceira característica** ressaltamos a necessidade de assumir o grande desafio de formar cristãos verdadeiros e conscientes que optem por Jesus Cristo, porque reconhecem nele o verdadeiro sentido da vida. Por isso não podemos pensar uma catequese que seja reduzida à realização de tempos e etapas ou esquemas rígidos de repasse de conteúdo. Isso quer dizer que a catequese de inspiração catecumenal transforma a catequese em um itinerário de crescimento, marcado pela vivência da fé e a transmissão de experiências de vida.

É possível identificar uma **quarta característica** que diz respeito à dimensão celebrativa. De fato, no catecumenato antigo a relação entre catequese e liturgia era estreita, e com o tempo essa relação se distanciou. Hoje se faz necessário a reaproximação, para isso é importante pensar um itinerário celebrativo em que o catequizando seja "conduzido para dentro do mistério amoroso do Pai e de ser inserido na comunidade eclesial, para professar, celebrar, viver e testemunhar a fé em Jesus Cristo" (Doc. 107, n. 61).

Pois bem, tentemos resumir, em um quadro explicativo, as ideias sobre a inspiração catecumenal e depois buscar visualizá-las em nossa prática.

Por inspiração catecumenal entendemos o movimento de conhecer o catecumenato antigo para identificar o que era essencial no método de iniciar os novos cristãos, quais características eram mais importantes e procurar inserir tais características na catequese atual. Podemos considerar das características do catecumenato antigo os seguintes aspectos para nossa catequese hoje:

- ✓ A catequese compreendida como um itinerário místico, onde se cultiva o encontro com Jesus Cristo e com a comunidade.
- ✓ Uma catequese querigmática, ou seja, com ênfase no primeiro anúncio de Jesus Cristo.
- ✓ A catequese estruturada como um itinerário de crescimento, pautado por etapas ascendentes que ajude o catequizando a crescer e, ao mesmo tempo, aprofundar a sua fé.
- ✓ Por fim precisamos falar de um itinerário celebrativo, pois a relação catequese e liturgia deve ser recuperada por meio de um caminho de iniciação ritual e sacramental.

Talvez você possa se perguntar: Como, concretamente, podemos nos apropriar dessas características em nossa prática catequética? Ou como efetivar uma catequese de inspiração catecumenal? **Aqui vão algumas dicas:**

- ✓ Espaços físicos para os encontros de catequese que favoreçam a oração, o aprofundamento dos conteúdos e a partilha entre catequistas e catequizandos.
- ✓ Momentos de oração com a Bíblia, isto é, exercícios de Leitura Orante, nos quais o grupo de catequese cultive a proximidade com a Palavra de Deus e cresça na intimidade com ela.
- ✓ Atividades que levem os catequizandos "para fora da sala de catequese", isto é, momentos de contato com a realidade pastoral e social em que estão inseridos para que percebam que ser cristão não se resume a frequentar a missa.
- ✓ Valorizar os momentos celebrativos propostos no itinerário catequético para que os encontros não se reduzam apenas a completar um livro ou manual.
- ✓ Ao trabalhar com livro ou manual, torná-lo instrumento para dialogar e aprofundar os conteúdos da fé, fazendo dessa ponte a realidade dos catequizandos.
- ✓ Participar com seus catequizandos de momentos celebrativos na comunidade (missa, ou a celebração de outro sacramento: Batismo, Crisma, Matrimônio, Unção dos Enfermos) e depois conversar com eles sobre o que perceberam e sentiram durante a celebração.
- ✓ Propor aos pais e responsáveis momentos de oração, reflexão e celebração juntamente com os filhos para ajudar a conscientizar as famílias da importância de participar da comunidade.
- ✓ E não podemos esquecer um dado importantíssimo: catequistas bem preparados e, constantemente, formados. Precisamos de catequistas convictos de sua missão, fortalecidos espiritualmente e conhecedores da doutrina para que possam ser, na vida dos catequizandos, luzeiros a indicar o caminho para a Luz Verdadeira que é Cristo.

Percebemos com esta reflexão que não se trata, apenas, de buscar dividir conteúdos em tempos e etapas; antes é necessário pensar a catequese como itinerário de formação de discípulos missionários de Jesus Cristo membros da Igreja e sinais de esperança na sociedade.

3.2 A INSPIRAÇÃO CATECUMENAL NO ITINERÁRIO CATEQUÉTICO COM CRIANÇAS E ADOLESCENTES.

Quando refletimos o sentido da inspiração catecumenal na Iniciação à Vida Cristã é possível perceber que os ritos do RICA, ainda que destinados à adultos não batizados, podem ser celebrados também com crianças e adolescentes no itinerário catequético em nossas comunidades, mesmo que já batizados. Pois, nesse caso, os ritos do catecumenato antigo ajudariam a promover uma verdadeira iniciação ritual nos catequizandos e em suas famílias.

É necessário destacar ainda que, para considerar a possibilidade de realizar os ritos do Catecumenato atualmente, não podemos nos ater à questão sacramental, ou seja, no caso das crianças e adolescentes já batizados os ritos não querem desmerecer os gestos sacramentais do Batismo, antes quer ajudar as famílias a se tornarem mais atuantes na caminhada catequética dos próprios filhos.

Alguns questionamentos são feitos, atualmente, em relação aos ritos: Qual o sentido de assinalar quem já foi assinalado no Batismo? Ou qual o sentido do Rito da Eleição, ou inscrição do nome, quando os que se inscrevem já são batizados?

Tais questionamentos são válidos, no entanto é preciso levar em consideração o contexto histórico e eclesial do catecumenato antigo: em sua maioria adultos que se convertiam e recebiam os três sacramentos da Iniciação na vigília pascal. Se levarmos ao pé da linha a questão do ser batizado ou não, apenas os ritos de entrega (a saber: entrega da Bíblia, entrega do Pai-nosso, entrega do Creio) poderiam ser realizados, e ainda estes encontrariam várias objeções, visto que, as crianças já usam a Bíblia, já rezam o Pai-nosso e já conhecem o Creio pela participação nas celebrações comunitárias.

Ao pensar no catecumenato antigo como inspiração para a catequese hoje, como nos pede o DGC, número 68, então podemos encontrar a riqueza desse itinerário de iniciação no fato de inserir, gradativamente, o catequizando no mistério celebrativo da comunidade cristã. Será na dinâmica da inspiração catecumenal que podemos pensar a Iniciação à Vida Cristã como um processo que progride e amadurece através de sucessivas etapas. Nesse processo os "ritos expressam e fortalecem sentimentos e compromissos. Todo esse conjunto de ações simbólicas envolve a pessoa inteira, como indivíduo e como ser social" (Doc. 107, n. 104). Portanto, seria empobrecer o itinerário catequético privá-lo da celebração dos ritos de passagem, como marcos de crescimento e amadurecimento na fé. Etapas de progressão conquistadas pelos catequizandos.

Com o resgate do catecumenato o RICA passou a ser estudado pelos catequistas e adaptado à catequese com adultos. Mas ele pode também ser inspiração para a catequese com crianças e adolescentes, prova disso são as diversas obras que têm surgido no mercado propondo celebrações e ritos adaptados para a catequese em suas diversas faixas etárias.

Nossa intenção não é propor aqui adaptações, mas refletir com os catequistas a importância de celebrar e a necessidade de marcarmos o progresso de nossos catequizandos, ou seja, de lhes oferecer concretamente algo que os ajude a identificar que avançam no seu desenvolvimento como cristãos.

Ao propor ritos de passagem para as várias etapas da catequese não se quer distribuir "ritinhos" ao longo do processo, mas ajudar a comunidade e as famílias a se conscientizarem, cada vez mais, da ligação entre a fé vivida e a fé celebrada, bem como a importância da participação de ambas na caminhada catequética de nossas crianças, adolescentes, jovens e adultos. Cabe também considerar que toda conquista possui suas fases, compõe-se de etapas. Assim há necessidade de estabelecer tempos para celebrar com ritos que marquem o processo de amadurecimento dos catequizandos. Definir tempos e etapas, contribui para não correr o risco de cair em um processo de iniciação permanente, o que vai contra o próprio sentido de iniciação. O desafio aqui é de ajudar crianças e adolescentes a, no período de catequese, conscientizarem-se cada vez mais do compromisso cristão que será assumido no final do percurso catequético.

> Definir tempos e etapas, contribui para não correr o risco de cair em um processo de iniciação permanente, o que vai contra o próprio sentido de iniciação.

Um exemplo que me vem à mente agora são as celebrações de entrega propostas para serem realizadas com os catequizandos, assim como os ritos de passagem. São exemplos concretos de momentos que marcam o ritmo ascendente do itinerário catequético e conduzem os catequizandos para a celebração sacramental e a vivência dos sacramentos como opção de fé.

Não é errado pensar o itinerário catequético como um tempo com prazo para começar e terminar. Nosso problema é que, muitas vezes, ainda compreendemos a catequese como preparar para receber tal sacramento que uma vez recebido marca o fim de um caminho. Ora, a catequese de inspiração catecumenal é exatamente o contrário: compreende o sacramento como um ponto de partida, ou seja, prepara-se para celebrar o sacramento da Eucaristia e da Crisma como passos fundamentais para participar plenamente da vida da comunidade eclesial.

O itinerário de iniciação tem um momento final que é a celebração do último sacramento da iniciação cristã, e dizer isso não diminui a importância da inspiração catecumenal. Isso porque, hoje, destaca-se a importância da Iniciação à Vida Cristã, cujo fim último é a vivência cristã. Não podemos nos esquecer de que:

- — "O processo catecumenal cria gradual e progressiva revisão de atitudes [...] convocando a uma efetiva conversão da própria vida" (Doc. 107, n. 134).

- — "O processo de Iniciação à Vida Cristã salienta o princípio de interação entre fé e vida que se expressa em conversão, mudança de vida e atitudes ético-sociais" (Doc. 107, n. 135).

- — "O mistério de Deus jamais poderá ser esgotado por nossas fórmulas doutrinais, celebrativas ou pastorais. Assim, mergulhar no mistério, contemplá-lo e saboreá-lo é, para o cristão, uma tarefa sem fim" (Doc. 107, n. 136).

Por isso que é importante, necessário e válido pensar um itinerário catequético com momentos celebrativos e ritos de passagem que ajudarão a marcar os tempos da caminhada catequética como também contribuir no processo de interação fé e vida, num caminho crescente de aprofundamento e amadurecimento do ser cristão. Assim será possível compreender que a Iniciação à Vida Cristã "se refere tanto ao caminho catequético catecumenal de preparação aos sacramentos quanto aos próprios sacramentos que marcam a iniciação e a vida nova que deles nasce" (Doc. 107, n.124).

CAPÍTULO 4
Roteiros de estudo: formar e aprender

A proposta deste capítulo é oferecer três roteiros de estudo para serem desenvolvidos com catequistas e com as famílias de catequizandos. Para isso oferecemos algumas dicas importantes:

— Os próprios catequistas podem coordenar estes estudos, seja com o grupo dos catequistas seja com as famílias.
— A fundamentação teórica são os capítulos 1 a 3 do livro "Celebrações no itinerário catequético... sobre o que estamos falando?"
— As propostas aqui apresentadas supõem um tempo hábil para que se possam realizar todos os passos descritos. Por isso os encontros devem ser programados levando em consideração todo o processo. Como sugestão pode-se pensar em reuniões de, pelo menos, uma hora e meia, seja com os catequistas ou com as famílias.
— Sugere-se que todos os participantes tenham a Bíblia, bem como material para anotação (prever alguns materiais de reserva caso alguém esteja sem).
— Para o encontro com as famílias preparar um grupo ou pessoa de apoio para o caso de algum catequizando vir junto com os pais ou responsáveis. Neste caso o catequizando ficará com alguém deste grupo enquanto se trabalha com as famílias.
— Em relação aos roteiros de estudo com as famílias é recomendável que cada catequista trabalhe com as famílias de seus catequizandos.

4.1 ROTEIROS DE ESTUDO COM CATEQUISTAS

ROTEIRO 1: O CELEBRAR NA CATEQUESE.

Fundamentação teórica: capítulo 1 – O celebrar no itinerário catequético.

Iluminação bíblica: 1Rs 19,1-15

Preparando a vivência

- Providenciar um cartaz para colocar em um lugar de destaque, com o número 118 do Diretório Nacional de Catequese: "Celebração e festa contribuem para uma catequese prazerosa, motivadora e eficaz que nos acompanha ao longo da vida".
- Preparar o local do encontro com um clima festivo. Usar balões, flores. Providenciar alguns quitutes e algumas bebidas para receber os catequistas. Iniciar com um "lanche festivo". Perguntar se tem algum catequista fazendo aniversário; se tiver, motivar para que todos cantem os parabéns. A ideia neste momento é favorecer um clima festivo e alegre.
- Preparar um espaço em que esteja em destaque a Bíblia, o crucifixo, uma vela grande, uma bandeja com um pão, ou vários pães pequenos, uma jarra de água. Importante: sugere-se que sejam naturais e a jarra d'água seja transparente.
- Sulfite, pincel atômico e tesoura para cada grupo.
- Um tecido grande, na cor marrom, para simbolizar um caminho. À frente deste caminho seria interessante preparar uma espécie de montanha, que pode ser confeccionada com papel marrom ou pedras.
- Duas coleções dos manuais usados pelos catequistas para os encontros de catequese.
- **Dica para o(a) coordenador(a):** para melhor se preparar para este estudo recomenda-se a leitura do primeiro capítulo do livro.
- **Dica para a espiritualidade:** conduzir um momento de Leitura Orante com o texto de 1Rs 19,1-15. A explicação desse texto encontra-se no Capítulo 1 e pode ajudar o condutor da Leitura Orante.

Desenvolvimento do estudo

- Quem estiver coordenando a vivência acolhe a todos com alegria e destaca a importância do encontro, bem como a necessidade de buscar a formação para que possamos nos renovar sempre mais em nossa missão de catequistas.
- Pode-se fazer um pequeno momento de conversa sobre a seguinte pergunta: celebração... sobre o que estamos falando? (Deixar que os catequistas expressem sua opinião sobre o que compreendem por celebração).

- Tendo por base os pontos 1.1 e 1.2 do primeiro capítulo, quem coordena, ou outra pessoa, faz uma explanação sobre o conceito de celebração e a importância dos símbolos na catequese.
- A vivência que será realizada é um estudo em grupo com base nos pontos 1.3 e 1.4 do primeiro capítulo.

Vivência: a celebração no itinerário catequético

Passos para a vivência:

— Dividir os participantes em pequenos grupos (em torno de 4 grupos). Cada grupo receberá uma folha com as indicações do trabalho a ser feito.
— Cada grupo será responsável por desenhar e recortar o símbolo indicado.

GRUPO 1 – CATEQUIZANDOS: OS PROTAGONISTAS DO CAMINHO

- Símbolo: bonecos.
- O grupo conversa sobre a realidade dos seus catequizandos. Destacando os desafios e as riquezas que encontram no meio deles.
- Após essa conversa, desenhar alguns bonecos que representam os catequizandos e escrever alguns desafios e conquistas que foram partilhados nos grupos.
- Escolha uma música, ou refrão, para ser cantada no momento em que for solicitada sua apresentação para o grupo todo.

GRUPO 2 – PÉS: TEMAS QUE DIRECIONAM NOSSO CAMINHAR

- Símbolo: pés.
- O grupo deverá ter em mãos os manuais de catequese que são usados na paróquia/diocese.
- A partir do sumário de cada livro o grupo deve selecionar alguns temas de encontros que lhes pareçam mais importantes no percurso catequético (se por acaso o grupo sentir falta de algum tema que não encontra nos livros pode citar também).
- Depois de escolher os temas sugere-se escrevê-los nos desenhos dos pés (pode ser um pé para cada dois temas). Recortar o desenho.
- Escolha uma música, ou refrão, para ser cantada no momento em que for solicitada sua apresentação para o grupo todo.

GRUPO 3 – PÃO E ÁGUA: AS CELEBRAÇÕES QUE MARCAM O RITMO DO CAMINHAR

- Símbolo: bandeja com pão e jarra d'água.
- O grupo deverá ter em mãos os manuais de catequese.
- A partir do sumário de cada livro o grupo deve identificar as celebrações propostas em cada etapa.
- Depois de identificar as celebrações, o grupo deve desenhar o símbolo que lhe foi indicado, isto é, a bandeja com pão e a jarra d'água, e escrever o título das celebrações. (Orientar para desenhar mais de uma vez o símbolo para conter todos os títulos das celebrações.)
- Escolha uma música, ou refrão, para ser cantada no momento em que for solicitada sua apresentação para o grupo todo.

GRUPO 4 – VENTO, TERREMOTO, FOGO, BRISA: LUGARES DO ENCONTRO COM O SENHOR

- Símbolo: espaços/lugares que o grupo destacar.
- O grupo deve se questionar:
  - Nossa catequese orienta os catequizandos para encontrar o Senhor em quais espaços/lugares?
  - Quais espaços/lugares de encontro com o Senhor os catequizandos conhecem? Quais são apresentados pela catequese?
- Depois de conversarem, sugere-se desenhar símbolos que representem os espaços/lugares que o grupo destacou.
- Escolha uma música, ou refrão, para ser cantada no momento em que for solicitada sua apresentação para o grupo todo.

PASSOS PARA A PARTILHA NO GRANDE GRUPO

- Cada grupo, quando solicitado, deve:
  - Ler o que escreveu nos desenhos. (Não é preciso comentar as respostas.)
  - Enquanto os desenhos são colocados no caminho o grupo canta o refrão, ou música escolhida.

Construção do caminho com o grande grupo

Após o trabalho nos grupos o(a) coordenador(a) deverá orientar a "construção" do caminho inspirado pelo texto bíblico de 1Rs 19,1-15 e da explanação feita no primeiro capítulo. É importante a leitura do texto antes de começar a distribuir os símbolos pelo caminho. Os grupos podem seguir a ordem dos números e ir espalhando ao longo do tecido os desenhos. Apenas o grupo 4 deve colocar seus desenhos no final do caminho, próximo da "montanha".

Dica: seria interessante se o(a) coordenador(a) conseguisse contar o texto bíblico e ir interagindo com os grupos conforme eles vão apresentando.

Conclusão

Neste momento pode-se convidar a todos para cantar, ou rezar, a consagração a Nossa Senhora, pedindo que Maria interceda para que saibamos caminhar com coragem e fé.

Sugestão: pode-se pedir que os catequistas retomem o estudo realizado e se surgir alguma dúvida que tragam para o próximo encontro. Marcar data, local e horário do próximo momento de estudo.

ROTEIRO 2: POR QUE CELEBRAR?

Fundamentação teórica: capítulo 2 – Celebração e ritos no amadurecimento da fé.

Iluminação bíblica: "Jesus aproximou-se e pôs-se a caminhar com eles... explicou-lhes, em todas as Escrituras, o que se referia a Ele... depois que se pôs à mesa com eles, tomou o pão, pronunciou a bênção, partiu-o e deu a eles... então um disse ao outro: "Não estava ardendo nosso coração quando ele nos falava pelo caminho e nos explicava as escrituras? " (Lc 24,15.27.30.32).

Preparando a vivência

- Providenciar um cartaz para colocar em lugar de destaque com a frase: "Só se vê bem com o coração. O essencial é invisível aos olhos".
- Preparar um espaço em que esteja em destaque a Bíblia, o crucifixo, uma vela grande.
- Para este estudo será usado o livro *O pequeno príncipe*, pode ser interessante pedir a quem tem que traga para o encontro (não importa a edição, desde que seja completa).
- **Dica para o(a) coordenador(a):** objetivando se preparar melhor para este estudo recomenda-se a leitura do primeiro e do segundo capítulos do livro *Celebrações no itinerário catequético... sobre o que estamos falando*?
- **Dica para a espiritualidade:** conduzir um momento de Leitura Orante com o texto dos discípulos de Emaús (Lc 24,13-35).

Material para a dinâmica "conversa ao pé do ouvido"

- Dois cartazes com os seguintes dizeres:
  - O que é celebrar?
  - Por que celebrar?
- Blocos de notas adesivas, de tamanho médio e de duas cores diferentes:
  - Laranja para a pergunta: "O que é celebrar?"
  - Verde para a pergunta: "Por que celebrar"?
- Canetas para todos os participantes.

Desenvolvimento do estudo

- Quem coordena acolhe a todos com alegria e destaca a importância do encontro. Bem como a necessidade de buscar a formação para que possamos nos renovar sempre mais em nossa missão de catequistas.

- ✓ Após a acolhida o(a) coordenador(a) pode conduzir a dinâmica com os seguintes passos:
  - Dividir os participantes em dois grupos. O grupo 1 deve receber os blocos de notas adesivas laranja e o grupo 2 o bloco de notas adesivas verde. (Pode-se dividir os blocos para que cada participante do grupo fique com um pouco de notas adesivas.)
  - Orientar para que os que estão com a cor laranja perguntem aos que estão com a cor verde: "O que é celebrar?"
  - Os que estiverem com a cor verde devem perguntar aos que estão com a cor laranja: "Por que celebrar?"
  - Cada um deve anotar a resposta do outro no bloco de notas que tem nas mãos. Mas atenção: é preciso "entrevistar" o maior número possível de catequistas.
  - Deixar um tempo para que possam circular entre si e buscar as respostas. Depois o(a) coordenador(a) convida a todos para que voltem aos seus lugares.
  - Quando já estiverem acomodados, pedir que os grupos leiam o que conseguiram escrever (uma pergunta por vez) e colem as notas adesivas no espaço de respostas apresentado nos cartazes.
- ✓ Após a realização da dinâmica, o(a) coordenador(a) pode explanar sobre o sentido da celebração na caminhada catequética.
- ✓ Tomar cuidado para ampliar o conceito de celebração e não ficar restrito apenas à questão eucarística.

Estudo em grupo: O pequeno príncipe e a raposa – uma conversa litúrgica

Passos para o estudo

- — Dividir os participantes em pequenos grupos.
- — Pedir que leiam o diálogo da raposa com o príncipe. Neste livro usamos a versão da Editora Vozes para o clássico *O pequeno príncipe*, p. 65-73.
- — Depois de ler, o grupo deve partilhar o que compreendeu da leitura.
- — Para ajudar a reflexão dos grupos pode ser interessante disponibilizar as seguintes perguntas:
  - O que a conversa da raposa e do príncipe tem a ver com liturgia?
  - Segundo a raposa, o que são ritos?
  - Como o processo de cativar pode acontecer na catequese em relação à liturgia?
- — Pedir que os grupos façam uma síntese da partilha de cada pergunta para o plenário.

— O(a) coordenador(a) orienta a reflexão para que se possa compreender a necessidade de uma educação ritual. (Pode ajudar em sua explanação a leitura do segundo capítulo deste livro.)

Conclusão

Neste momento pode-se convidar a todos para cantar, ou rezar, a consagração a Nossa Senhora, pedindo que Maria interceda para que saibamos caminhar com coragem e fé.

Sugestão: pode-se pedir que os catequistas retomem o estudo realizado e se surgir alguma dúvida que tragam para o próximo encontro. Marcar data, local e horário do próximo.

ROTEIRO 3: EM BUSCA DE UMA CATEQUESE DE INSPIRAÇÃO CATECUMENAL

Fundamentação teórica: capítulo 3 – Iniciação litúrgica com crianças e adolescentes.

Iluminação bíblica: 1Rs 19,1-15 (retomar a Leitura Orante do primeiro encontro).

Preparando a vivência

- Preparar um espaço em que esteja em destaque a Bíblia, o crucifixo, uma vela grande.
- Neste estudo os catequistas deverão criar um varal que representará um temário catequético. Por isso, recomenda-se que seja estendido um barbante (ou mesmo uma cordinha de varal) em lugar de destaque, talvez à frente dos catequistas.
- **Dica para o(a) coordenador(a):** para melhor se preparar para este estudo, recomenda-se a leitura do terceiro capítulo deste livro.
- **Dica para a espiritualidade:** conduzir um momento de Leitura Orante com o texto de 1Rs 19,1-15 (a explicação desse texto no Capítulo 1 pode ajudar o condutor da Leitura Orante).

Material para a dinâmica "varal da inspiração catecumenal"

- Um barbante grande (já estendido em um lugar de destaque).
- Prendedores de roupa (para segurar os papéis).
- Folhas de sulfite colorida, nas seguintes cores: azul, verde, branco, amarelo, rosa. Não é necessário entregar folhas para todos os membros dos grupos, pode ser umas cinco para cada grupo.
- Pincel atômico.

Fundamentação teórica para a dinâmica: o terceiro capítulo do livro *Celebrações no itinerário catequético... sobre o que estamos falando?* Após a montagem do varal, quem coordena esse estudo ajuda os catequistas a visualizarem a possibilidade de uma catequese com inspiração catecumenal que aconteça em sua comunidade, em seu grupo de catequese.

Desenvolvimento do estudo

- O(a) coordenador(a) acolhe a todos com alegria e destaca a importância do encontro. Bem como a necessidade de buscar a formação para que possamos nos renovar sempre mais em nossa missão de catequistas.
- Dividir o grande grupo em cinco pequenos grupos, conforme as cores dos papéis sulfites mencionados na lista de materiais.

Dinâmica "Varal da inspiração catecumenal"

Passos para a dinâmica

– Cada grupo deve receber uma folha com as indicações do trabalho a ser realizado. Seria interessante que os grupos não soubessem do trabalho um do outro.

TAREFAS DE CADA GRUPO:

GRUPO 1 – CARACTERÍSTICAS DO CATECUMENATO (FOLHAS AZUIS)

- Tendo por base o ponto 3.1 do capítulo 3, o grupo deverá conversar sobre o catecumenato e sua importância na catequese nos dias de hoje.
- Resumir as características do catecumenato em palavras e escrever nas folhas que recebeu.

GRUPO 2 – PRIMEIRA CARACTERÍSTICA DA INSPIRAÇÃO CATECUMENAL (FOLHAS VERDES)

Lemos no ponto 3.1 do terceiro capítulo: "É possível afirmar que **uma primeira característica** da inspiração catecumenal é sua dimensão mística; ou seja, a catequese de inspiração catecumenal é um processo que conduz o catequizando à busca de Deus e ao encontro pessoal com Jesus Cristo. Por isso, é necessário o cultivo da mística do encontro que leva os interlocutores da catequese "não tanto a ouvirem e falarem *sobre* Deus, mas sim a ouvirem e falarem *com* Deus" (Doc. 107, n. 57).

- A partir do texto apresentado o grupo deverá conversar sobre a primeira característica da inspiração catecumenal.

- Elencar possíveis atitudes, ou atividades, que possam ser realizadas na catequese para efetivar essa característica nos encontros.
- Escrever as atitudes nas folhas que recebeu (uma atitude em cada folha).

GRUPO 3 – SEGUNDA CARACTERÍSTICA DA INSPIRAÇÃO CATECUMENAL (FOLHAS BRANCAS)

Uma **segunda característica** que precisa ser ressaltada é a importância do anúncio de Jesus Cristo que, "enviado pelo Pai, ama e dá a vida para nos salvar, e agora vive conosco todos os dias, pelo Espírito Santo, para iluminar, fortalecer, libertar" (Doc. 107, n. 59). Se o anúncio de Jesus Cristo é central na inspiração catecumenal, então podemos dizer que a Palavra de Deus é central, por isso é preciso pensar em ações que aproximem catequistas e catequizandos do contato com a Bíblia. Já afirmava João Paulo II "a catequese há de haurir sempre o seu conteúdo na fonte da Palavra de Deus" (CT, 27).

- A partir do texto apresentado, o grupo deverá conversar sobre a segunda característica da inspiração catecumenal.
- Elencar possíveis atitudes, ou atividades, que possam ser realizadas na catequese para efetivar essa característica nos encontros.
- Escrever as atitudes nas folhas que recebeu (uma atitude em cada folha).

GRUPO 4 – TERCEIRA CARACTERÍSTICA DA INSPIRAÇÃO CATECUMENAL (FOLHAS AMARELAS)

Como **terceira característica** ressaltamos a necessidade de assumir o grande desafio de formar cristãos verdadeiros e conscientes que optem por Jesus Cristo, porque reconhecem nele o verdadeiro sentido da vida. Por isso não podemos pensar uma catequese que seja reduzida à realização de tempos e etapas ou esquemas rígidos de repasse de conteúdo. Isso quer dizer que a catequese de inspiração catecumenal transforma a catequese em um itinerário de crescimento, marcado pela vivência da fé e a transmissão de experiências de vida.

- A partir do texto apresentado o grupo deverá conversar sobre a terceira característica da inspiração catecumenal.
- Elencar possíveis atitudes, ou atividades, que possam ser realizadas na catequese para efetivar essa característica nos encontros.
- Escrever as atitudes nas folhas que recebeu (uma atitude em cada folha).

GRUPO 5 – QUARTA CARACTERÍSTICA DA INSPIRAÇÃO CATECUMENAL (FOLHAS ROSAS)

É possível identificar uma **quarta característica** que diz respeito à dimensão celebrativa. De fato, no catecumenato antigo, a relação entre catequese e liturgia era estreita; com o tempo essa relação se distanciou. Hoje faz-se necessário a reaproximação, para isso é importante pensar um itinerário celebrativo em que o catequizando seja "conduzido para dentro do mistério amoroso do Pai e de ser inserido na comunidade eclesial, para professar, celebrar, viver e testemunhar a fé em Jesus Cristo" (Doc. 107, n. 61).

- A partir do texto apresentado, o grupo deverá conversar sobre a quarta característica da inspiração catecumenal.
- Elencar possíveis atitudes, ou atividades, que possam ser realizadas na catequese para efetivar essa característica nos encontros.
- Escrever as atitudes nas folhas que recebeu (uma atitude em cada folha).

PASSOS PARA A PARTILHA NO GRANDE GRUPO

- Cada grupo deve:
  - Apresentar uma síntese sobre a característica que refletiu.
  - Ler o que escreveu nas folhas (não é preciso comentar as respostas) e "pendurar" as folhas no varal.
- Quando todas as folhas estiverem "penduradas" no varal, pedir que os catequistas se aproximem e observem.

Dica para quem coordena: após a observação das folhas comentar com os catequistas que essas foram atitudes inspiradas pela reflexão das características de uma catequese de inspiração catecumenal. Motivar para que imaginem uma catequese com tais características e apresentem as suas opiniões. Questionar sobre as dificuldades e possibilidades de renovar a metodologia catequética e qual a real contribuição da inspiração catecumenal para os catequistas atualmente. Incentivar a partilha de atividades e iniciativas que favoreça a inspiração catecumenal nas realidades de cada um.

Conclusão

Neste momento pode-se convidar a todos para cantar, ou rezar, a consagração a Nossa Senhora, pedindo que Maria interceda para que saibamos caminhar com coragem e fé.

4.2 ROTEIROS DE ESTUDO COM AS FAMÍLIAS

ROTEIRO 1: LEITURA ORANTE – A FAMÍLIA NO CAMINHO DE EMAÚS

Observação: este roteiro não seguirá propriamente um capítulo do livro, mas pretende ser uma preparação para os demais. É importante que se realize a Leitura Orante com os pais conforme os passos indicados no desenvolvimento do estudo.

Iluminação bíblica: Lc 24,13-35

Preparando a vivência

- Providenciar um cartaz dos Discípulos de Emaús.
- Ao preparar o ambiente cuide para que tenha um espaço (corredor central, ou um espaço à frente das cadeiras) para estender o pano marrom que servirá de caminho.
- Ter atenção aos materiais indicados na vivência.
- Preparar um espaço em que esteja em destaque a Bíblia, o crucifixo, uma vela grande, um vaso de flores.
- Sugere-se que este momento não seja realizado com um grupo muito grande de pais.

Material para a vivência:

- Desenhos de pés, mãos, boca e coração (um para cada participante).
- Um tecido grande, na cor marrom, para simbolizar um caminho.

Desenvolvimento da Leitura Orante

Dicas para o(a) coordenador(a)

— Durante os momentos de reflexão têm várias perguntas, pode-se selecionar algumas em cada momento para que os pais possam ter tempo de responder e escrever nos desenhos.
— É importante motivar para que eles escrevam a resposta nos desenhos que receberam e também o nome dos filhos.
— Ao final da Leitura Orante o coordenador deve construir um caminho com os participantes.

Começando a Leitura Orante: colocar uma música ambiente que possa favorecer o silenciamento. Pedir que deixem marcado o texto bíblico Lc 24,13-35. Orientar para que não deixem muita coisa sobre a cadeira, de preferência apenas a Bíblia. Desligar os celulares, sentar de uma maneira confortável, fechar os olhos se desejar.

PRIMEIRO PASSO: pacificação interior (com música ambiente). Orientar para tomarem consciência do espaço, do ambiente, sentir a própria presença, sentir o próprio corpo, "passear" pelo seu interior e encontrar-se com seus sentimentos, silenciar a mente e o coração, pacificar o próprio corpo, interiorizar a paz e o desejo de encontrar-se com Jesus. Ainda não é oração, mas é o preparo; é a antessala do santuário interior, arrumar o espaço, limpar, mostrar-se forte diante de possíveis distrações.

SEGUNDO PASSO: invocação ao Espírito Santo. No primeiro momento da oração pessoal (ainda com música ambiente), invocar a presença, o auxílio do Espírito, sua luz iluminadora que nos guiará neste caminho de oração. Pedir que Ele nos tome pela mão e nos conduza ao encontro da graça Divina que nos espera na Palavra. Que neste momento sejamos tomados pelo Espírito, iluminados e inspirados por aquele que inspirou os autores sagrados, que sejamos guiados por aquele que guiou os profetas. Faça uso de suas próprias palavras neste momento, invoque o Espírito, peça seu auxílio neste momento.

TERCEIRO PASSO: ler atenta e lentamente o texto escolhido: Lc 24,13-35. O momento é de silêncio, de leitura atenta, repetida. Vamos ler com os olhos, prestar atenção ao texto que temos diante de nós. (Uma vez a leitura é feita em voz alta, depois deixar a música ambiente no tempo de reler duas ou três vezes o texto, sem pressa.)

QUARTO PASSO: neste momento vamos nos colocar no texto. Prestar atenção aos detalhes, resgatar a simbologia do texto... A primeira imagem concreta que temos é o caminho. Somos convidados a olhar para nossa realidade de mães, pais, responsáveis por uma criança, um adolescente, responsável por um filho, uma filha. Esta é a primeira pausa que vamos fazer neste caminho... Vamos nos colocar junto com esses dois discípulos. Vamos imaginar a cena... Vamos rezar.

- **Primeiro momento – APROXIMAR E CAMINHAR (Lc 24,15).**
  - **Este momento será simbolizado pelos PÉS...** Imaginemos dois discípulos que saem de Jerusalém; podemos nos imaginar no lugar deles... Imaginemos os dois, desanimados, que vão saindo da cidade; não andam rápido, estão decepcionados... A cidade vai ficando para trás e eles entram em uma trilha... Enquanto caminham, Jesus se aproxima e começa a caminhar com eles...

Vamos prestar atenção como Jesus se aproxima; Ele é nosso modelo, o ideal que cada um deve buscar alcançar... Imaginemos Jesus que se aproxima, que acompanha, que caminha... Imagine-se no caminho de Emaús, ou melhor, transporte o caminho de Emaús para a sua realidade de vida, para sua família, para sua casa... Deixemos que a Palavra nos fale... Meditemos o versículo 15, deixando que Jesus nos ensine a melhor maneira de nos aproximarmos de nossos filhos, de nossos familiares, de nossa comunidade e nos colocar no caminho. Para esta reflexão algumas perguntas são importantes:

- Qual seu maior desafio como pai ou mãe?
- Qual sua maior alegria?
- Você consegue acompanhar a caminhada de seus filhos?

✓ Escreva a resposta das perguntas acima no desenho dos pés que você recebeu. Escreva também o nome do seu filho.

✓ **Segundo momento – NARRAR AS ESCRITURAS (Lc 24,27)**
  - **Este momento será simbolizado pela BOCA...** Jesus se coloca a ensinar... O destaque agora é para as palavras, por isso imaginemos o Jesus que fala com os dois... Vamos apurar os nossos ouvidos e também escutar as palavras que o Mestre nos dirige neste momento de oração... Agora eu lhe convido a se concentrar no desenho da boca e pensar nas seguintes questões:
    - Quais palavras, como pai ou mãe, mais dirijo aos meus filhos?
    - Quais palavras eu tenho calado?
    - Em minha casa, quais palavras têm mais valor?
    - Quais palavras, neste momento, sinto vontade de dizer para meus filhos?

✓ Escreva no desenho da boca uma mensagem que você gostaria de dizer ao seu filho(a) neste momento. Escreva também o nome dele(a).

✓ **Terceiro momento – PERMANECER E CELEBRAR (Lc 24,29-30)**
  - **Este momento será simbolizado pelas mãos.** O dia se aproxima do fim, e os discípulos se aproximam do seu destino... Jesus não se impõe... Jesus não força sua presença... no final do caminho os discípulos querem que Ele permaneça... Ele entra e se põe à mesa com eles... É o momento da partilha... o momento de partir o pão... visualizemos a cena... vamos, também nós, sentarmos à mesa com eles e no gesto de partir o pão olhar para nossas mãos... quantas mãos se abrem para jogar pedra! Quantas mãos se fecham diante do irmão que precisa! As mãos dos pais e das mães devem se abrir para partilhar... para alcançar os filhos em todos os momentos, principalmente quando eles mais precisam. Para esta reflexão algumas perguntas podem ajudar na reflexão:

- Como pai ou mãe, quais gestos eu ainda preciso aprender?
- Quantas vezes no dia uso minhas mãos para acariciar meus filhos?

✓ Escreva no desenho das mãos a resposta das perguntas acima. Escreva também o nome do seu filho.

✓ Deixemos que o silêncio da celebração em Emaús, simbolizada pelo pão partido, nos inspire... prestemos atenção ao que o Senhor quer nos dizer...

✓ **Quarto momento – LEVANTAR E RETOMAR O CAMINHO (Lc 24,33)**
- **Este momento será simbolizado pelo coração.** Alimentados, animados, impulsionados pela experiência que vivenciaram, os discípulos tomaram a decisão de retornar... e na mesma hora... Imaginemos a alegria que eles manifestam... a sensação de júbilo que parece tomar conta de cada um... Olhando para essa cena, qual atitude sentimos despontar em nosso coração? Aqui o símbolo é de quem se coloca a caminho... Então é o momento do orante se colocar diante do Senhor para falar, para rezar. O que tenho a dizer a este Senhor que respeita o meu desânimo, que acolhe minhas tristezas, que me carrega ao colo, se for preciso, que me "junta do chão", mas que me pede para não abandoná-lo, não esquecê-lo, que não me feche ao seu amor, à sua graça... É o meu momento de conversa... No colo de Jesus falemos com Ele. É o momento mais profundo e pessoal de todo o processo orante! É o nosso momento. No silêncio falemos ao Senhor que está diante de nós!
- Para esta reflexão é importante se perguntar:
  - Qual sentimento é mais forte diante do desafio de ser pai ou mãe?
  - Quando penso em meus filhos, meu coração se enche de que sentimento?
  - Como tenho cuidado da espiritualidade em família?

✓ Escreva no desenho do coração a resposta das perguntas acima. Escreva também o nome do seu filho.

✓ Encerrar com a oração do Pai-nosso.

Construção do caminho com o grande grupo:

— Após a Leitura Orante, quem coordena deve orientar a "construção" do caminho inspirado pelo texto bíblico de Lc 24,13-35.

— Motivar para que os pais espalhem os desenhos ao longo do pano marrom. Mas atenção: trata-se de um momento de partilha e o ato de colocar os desenhos deve seguir os momentos da Leitura Orante, isto é: pés, boca, mãos, coração.

— Para a partilha, se o grupo não for muito numeroso, quem coordena pode pedir que, aqueles que desejarem, leiam em voz alta o que escreveu nos pés. Depois de ler, coloque no caminho.

- Caso o grupo seja muito numeroso pode pedir que os pais partilhem entre si o que escreveram nos desenhos.
- Sugere-se que se prepare algumas músicas para cantar no momento em que os pais colocarem os desenhos no caminho.
- Quem coordena pode seguir a seguinte ordem para a partilha:
  - Primeiro momento: vamos iniciar o caminho. Assim como os discípulos de Emaús, também nós estamos caminhando; e nosso primeiro símbolo são os pés. Quem gostaria de partilhar o que escreveu no seu desenho? (Deixar um tempo para que alguns participantes possam partilhar.)
- Convidar a todos para sair de seu lugar e colocar os pés ao longo do caminho (no tecido previamente preparado).
- Enquanto eles colocam os pés, cantar uma música, ou refrão relacionado a caminhar.

Observação: os passos desse primeiro momento devem ser repetidos com cada símbolo. Ou seja, os participantes são convidados a partilhar a resposta dos desenhos e na sequência distribuí-los ao longo do caminho.

Dica para quem coordena: seria interessante se o(a) coordenador(a) fosse intercalando a construção do caminho com partes do texto meditado. Pode, até mesmo, recontar a história. Ficaria ainda mais interessante se quem coordena conseguisse contar o texto bíblico e não apenas ler. Conforme avança na história, vai interagindo com os participantes para que eles coloquem os desenhos ao longo do caminho.

Conclusão

Neste momento pode-se convidar a todos para cantar, ou rezar, a consagração a Nossa Senhora, pedindo que Maria interceda para que saibamos caminhar com coragem e fé.

Sugestão: pode-se pedir aos participantes que levem para casa os desenhos com o nome dos filhos e guardem em um lugar especial e que releiam suas respostas de vez em quando e acrescentem novas percepções que surgirem ao longo dos dias.

ROTEIRO 2: CELEBRAÇÃO... SOBRE O QUE ESTAMOS FALANDO?

Fundamentação teórica: este roteiro seguirá o capítulo 1 – O celebrar no itinerário catequético.

Iluminação bíblica: 1Rs 19,1-15

Importante (essas dicas são as mesmas do primeiro roteiro com os catequistas):

- Providenciar um cartaz e colocá-lo em um lugar de destaque, com o número 118 do Diretório Nacional de Catequese: "Celebração e festa contribuem para uma catequese prazerosa, motivadora e eficaz que nos acompanha ao longo da vida".
- Preparar o local do encontro com um clima festivo. Usar balões e flores. Providenciar alguns quitutes e algumas bebidas para receber as famílias. Iniciar com um "lanche festivo". Perguntar se tem alguém fazendo aniversário, se tiver, motivar para que todos cantem os parabéns. A ideia neste momento é favorecer um clima festivo e alegre.
- Preparar um espaço em que esteja em destaque a Bíblia, o crucifixo, uma vela grande, uma bandeja com um pão, ou vários pães pequenos, uma jarra de água. *Importante*: sugere-se que sejam naturais e que a jarra d'água seja transparente.
- Providenciar alguém para ficar com os catequizandos enquanto os pais e responsáveis participam do encontro.
- Preparar papel para anotação e caneta para todos os participantes.
- **Dica para o(a) coordenador(a):** para melhor se preparar para este estudo recomenda-se a leitura do primeiro capítulo do livro.
- **Dica para a espiritualidade:** conduzir um momento de Leitura Orante com o texto de 1Rs 19,1-15 (a explicação desse texto no capítulo 1 pode ajudar o condutor da Leitura Orante). Para este momento pode-se usar um esquema mais reduzido: silenciar, ler o texto, reler em silêncio, meditar o texto, destacar os versículos que mais lhe chamaram a atenção.

Material para a dinâmica "bingo das atividades familiares":

- Cartelas com duas colunas: 1. A lista de atividade apresentada no desenvolvimento da dinâmica; 2. Coluna em branco para que os participantes possam assinalar.
- Uma urna com os papelotes das atividades recortados.
- Caneta para os participantes.

✓ **Sugestão:** pode-se também ter um tabuleiro para colar as atividades que forem cantadas, como temos nos bingos para as bolas que são sorteadas.

Desenvolvimento do estudo

- ✓ Quem coordena acolhe a todos com alegria e destaca a importância do encontro; bem como a necessidade de buscar participar da caminhada catequética dos filhos para que possamos sempre mais acompanhá-los em seu caminhar.
- ✓ Pode-se fazer um pequeno momento de conversa sobre a seguinte pergunta: o que vocês entendem por celebração? (Deixar que os participantes conversem entre si por alguns instantes e depois pedir se alguém deseja manifestar em voz alta sua opinião.)
- ✓ Tendo por base os pontos 1.1 e 1.2 do primeiro capítulo o(a) coordenador(a) faz uma explanação sobre o conceito de celebração e a importância dos símbolos na catequese.

Desenvolvimento da dinâmica "bingo das atividades familiares"

- ✓ Este será um "bingo" diferente, pois cada participante receberá uma cartela com todas as atividades. Quem coordena deve preparar uma urna de onde irá "cantar" as atividades e os participantes devem marcar com um "X" apenas aquelas que eles realizam, as que não realizam devem deixar em branco.
- ✓ Preparar pequenas "cartelas de bingo" com as seguintes atividades:
    1. Perguntar como o filho está na catequese.
    2. Se interessar pelo que acontece na catequese do filho.
    3. Acompanhar um encontro de catequese do seu filho.
    4. Saber o nome da catequista do seu filho.
    5. Saber em que ano da catequese seu filho está.
    6. Saber o horário e o dia da semana que seu filho vai à catequese.
    7. Ajudar seu filho nas tarefas e compromissos da catequese.
    8. Participar com sua família de uma missa que não seja "compromisso da catequese".
    9. Ir com seu filho à missa todos os domingos.
    10. Conversar com seu filho sobre as missas que participam.
    11. Dedicar um momento do dia para rezar com seu filho.
    12. Ensinar seu filho a rezar.
    13. Ler a Bíblia com seus filhos.
    14. Rezar pelo seu filho.
    15. Brincar com seu filho.

16. Se interessar pelo que acontece com seu filho na escola e com os amigos.
17. Sair para passear e se divertir com o seu filho.

- Quem coordena deve "cantar" as atividades e os participantes marcam apenas as atividades que realizam, as que não realizam devem deixar em branco.
- Depois de "cantar" todas as "pedras", pedir aos participantes que olhem suas cartelas, se alguém quiser expressar o que sentiu ao realizar a brincadeira pode se expressar, porém o importante aqui é ajudar os pais a refletirem sobre o tempo que dedicam aos filhos.
- Não terá vencedor, apenas motivar para que os pais olhem para suas cartelas e se perguntem: como posso melhorar?
- **Dica para o(a) coordenador(a):** o objetivo deste momento é ajudar a visualizar as atividades que os pais realizam, por isso cuidado para que não fique um discurso de julgamento e condenatório. Não insista para que os pais partilhem seus resultados. O melhor seria depois de "cantar" as "pedras" conduzir um momento de oração sobre as respostas dos pais. Também pode acontecer que algum consiga marcar todas as atividades, por isso a oração deve ser também de agradecimento.
- Depois da dinâmica, quem coordena pode retomar o texto bíblico do momento de espiritualidade e com o auxílio da fundamentação teórica dos pontos 1.3 e 1.4 do primeiro capítulo apresentar aos pais a importância de marcar o ritmo familiar com momentos celebrativos.

Observação: Mais uma vez é importante destacar a necessidade de não carregar no tom condenatório. Não se trata de puxar as orelhas ou dar lições de certo e errado, mas de ajudar os pais a se conscientizarem da caminhada que os filhos realizam e de que eles são de fundamental importância nesse caminhar.

Conclusão

Neste momento pode-se convidar a todos para cantar, ou rezar, a consagração a Nossa Senhora, pedindo que Maria interceda para que saibamos caminhar com coragem e fé.

Sugestão: pode-se pedir aos participantes que levem para casa as cartelas do bingo e guardem com os desenhos dos encontros anteriores. Que eles possam retomar esses exercícios e rezar pedindo ao Senhor que os ajudem a melhorar sempre mais na missão de conduzir os filhos nos caminhos da fé.

ROTEIRO 3: POR QUE CELEBRAR?

Fundamentação teórica: capítulo 2 – Celebração e ritos no amadurecimento da fé.

Observação: nesse roteiro alguns passos do roteiro 2 com os catequistas se repetem.

Iluminação bíblica: "Jesus aproximou-se e pôs-se a caminhar com eles... explicou-lhes, em todas as Escrituras, o que se referia a Ele... depois que se pôs à mesa com eles, tomou o pão, pronunciou a bênção, partiu-o e deu a eles... então um disse ao outro: "Não estava ardendo nosso coração quando ele nos falava pelo caminho e nos explicava as escrituras?" (Lc 24,15.27.30.32).

Importante

- Providenciar um cartaz, para colocar em um lugar de destaque, com a frase: "só se vê bem com o coração. O essencial é invisível aos olhos".
- Preparar um espaço em que esteja em destaque a Bíblia, o crucifixo, uma vela grande.
- Para este estudo será usado o livro *O pequeno príncipe*. Para o estudo pode-se dividir os participantes em grupos menores, e quem organiza poderia providenciar pelo menos um livro para cada grupo. A versão que sugerimos nesse estudo é a publicada pela Editora Vozes.
- **Dica para o(a) coordenador(a):** para melhor se preparar para este estudo recomenda-se a leitura do segundo capítulo do livro *Celebrações no itinerário catequético... sobre o que estamos falando?*
- **Dica para a espiritualidade:** conduzir um momento de Leitura Orante com o texto dos discípulos de Emaús (Lc 24,13-35).

Material para a dinâmica "olhar com o coração"

- O celular dos participantes.
- Papel e caneta para cada participante.

Desenvolvimento do estudo

- Quem coordena acolhe a todos com alegria e destaca a importância do encontro. Bem como a necessidade de buscar a formação para que possamos nos renovar sempre mais nossa missão de pais e responsáveis por crianças e adolescentes.

- Após a acolhida o(a) coordenador(a) pode conduzir a dinâmica com os seguintes passos:
  - Pedir que os pais procurem no celular uma foto do seu filho.
  - Com a foto aberta escrever no papel a seguinte pergunta: O que meus olhos veem do meu filho?
  - Escrever no papel o que ele vê na foto do filho.
  - Depois, pedir que os pais fechem os olhos e olhem para o filho com o coração.
  - Pedir que respondam mentalmente: o que meu coração me mostra sobre meu filho?
  - Deixar um tempo para que meditem (pode-se colocar uma música ambiente).
  - Pedir que os pais abram os olhos e registrem, por escrito, o que o coração lhes mostrou sobre o filho.
  - Convidar para que todos, em pé, cantem a Oração da Família (música do Pe. Zezinho) ou outra que fale de família.
- Após a realização da dinâmica o(a) coordenador(a) convida para o estudo em grupo.

Estudo em grupo: o pequeno príncipe e a raposa – uma conversa litúrgica

Passos para o estudo:

- Dividir os participantes em pequenos grupos e dizer que eles conhecerão a raposa e o pequeno príncipe, e descobrirão um segredo.
- Pedir que leiam o diálogo da raposa e do príncipe. Neste livro usamos a versão da Editora Vozes para o clássico *O pequeno príncipe*, p. 65-73.
- Depois de ler, o grupo deve partilhar o que compreendeu da leitura.
- Para ajudar a reflexão dos grupos pode ser interessante disponibilizar as seguintes perguntas:
  - O que a conversa da raposa e do príncipe tem a ver com nossa vida familiar?
  - Quando somos capazes de "olhar com o coração"?
  - Segundo a raposa o que são ritos?
- Pedir que os grupos façam uma síntese de cada pergunta para partilhar no plenário.
- Após a apresentação dos grupos, quem coordena, com base no segundo capítulo do livro *Celebração... sobre o que estamos falando?*, ajuda os pais a melhor compreender a relação entre catequese e liturgia, bem como a necessidade de que os pais acompanhem seus filhos na descoberta do sentido da celebração na própria vida.

Conclusão:
Neste momento pode-se convidar a todos para cantar, ou rezar, a consagração a Nossa Senhora, pedindo que Maria interceda para que saibamos caminhar com coragem e fé. Pode-se cantar novamente a música "Oração da Família" (Música do Pe. Zezinho) ou outra que o grupo escolher.

Referências

Biblía Sagrada. Brasília: Edições CNBB [Tradução da CNBB].

BUYST, Ione. *Celebrar com símbolos*. 3. ed. São Paulo: Paulinas, 2007.

CAVALLOTTO, Giuseppe. *Catecumenato antico*: diventarecristianisecondo i padri. Bologna: EDB, 1996.

GRILLO, Andrea. *Ritos que educam*: os sete sacramentos. Brasília: Edições CNBB, 2017.

Catecismo da Igreja Católica. São Paulo: Loyola, 2000.

CNBB. *Iniciação à Vida*: itinerário para formar discípulos missionários. Brasília: Edições CNBB, 2017 [Documento, n. 107].

_____. *Diretório nacional de catequese*. Brasília: Edições CNBB, 2006.

CONGREGAÇÃO PARA O CLERO. *Diretório Geral para a catequese*. 2. ed. São Paulo: Paulinas, 1999 .

LELO, Antonio Francisco. *A Iniciação Cristã:* catecumenato, dinâmica sacramental e testemunho. São Paulo: Paulinas, 2005.

PAPA JOÃO PAULO II. *Catechesitradendae:* a catequese hoje.15. ed. São Paulo: Paulinas, 2006.

SAINT-EXUPÉRY, Antoine de. *O pequeno príncipe*. Petrópolis: Vozes, 2015 [Com aquarelas do autor] [Tradução de Rodrigo Tadeu Gonçalvez].

SODI, Mânlio. Verbete: "celebração". In: *Dicionário de Liturgia*. 4. ed. São Paulo: Paulus, 2009.

CULTURAL
Administração
Antropologia
Biografias
Comunicação
Dinâmicas e Jogos
Ecologia e Meio Ambiente
Educação e Pedagogia
Filosofia
História
Letras e Literatura
Obras de referência
Política
Psicologia
Saúde e Nutrição
Serviço Social e Trabalho
Sociologia

CATEQUÉTICO PASTORAL
Catequese
Geral
Crisma
Primeira Eucaristia

Pastoral
Geral
Sacramental
Familiar
Social
Ensino Religioso Escolar

TEOLÓGICO ESPIRITUAL
Biografias
Devocionários
Espiritualidade e Mística
Espiritualidade Mariana
Franciscanismo
Autoconhecimento
Liturgia
Obras de referência
Sagrada Escritura e Livros Apócrifos

Bíblica
Histórica
Prática
Sistemática

REVISTAS
Concilium
Estudos Bíblicos
Grande Sinal
REB (Revista Eclesiástica Brasileira)

VOZES NOBILIS
Uma linha editorial especial, com importantes autores, alto valor agregado e qualidade superior.

PRODUTOS SAZONAIS
Folhinha do Sagrado Coração de Jesus
Calendário de mesa do Sagrado Coração de Jesus
Agenda do Sagrado Coração de Jesus
Almanaque Santo Antônio
Agendinha
Diário Vozes
Meditações para o dia a dia
Encontro diário com Deus
Guia Litúrgico

VOZES DE BOLSO
Obras clássicas de Ciências Humanas em formato de bolso.

CADASTRE-SE
www.vozes.com.br

EDITORA VOZES LTDA.
Rua Frei Luís, 100 – Centro – Cep 25689-900 – Petrópolis, RJ
Tel.: (24) 2233-9000 – Fax: (24) 2231-4676 – E-mail: vendas@vozes.com.br

UNIDADES NO BRASIL: Belo Horizonte, MG – Brasília, DF – Campinas, SP – Cuiabá, MT
Curitiba, PR – Fortaleza, CE – Goiânia, GO – Juiz de Fora, MG
Manaus, AM – Petrópolis, RJ – Porto Alegre, RS – Recife, PE – Rio de Janeiro, RJ
Salvador, BA – São Paulo, SP